ABC-ZIRKUS

Die vier fehlenden Teile ergänzen.

ABC-ZIRKUS

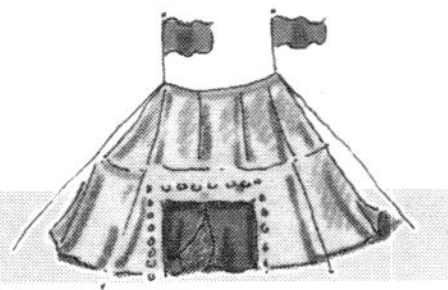

1

2

1 2 Jedes Kind hat zwei Ballons, die mit dem selben Laut anfangen. Schnüre einzeichnen.

ABC-ZIRKUS

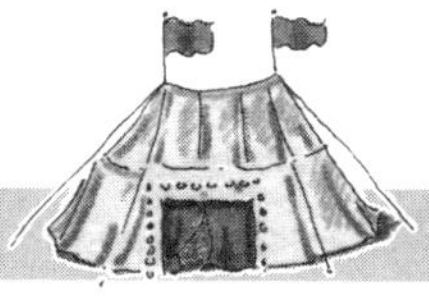

K

A

M

E

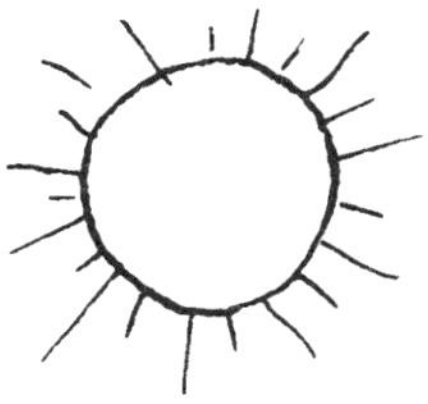

S

P

N

I

R

M

W

S

U

L

B

F

1 **2** Mit welchem Buchstaben beginnt das Wort? Im Buchstabenzelt nachsehen.
3 Anfangsbuchstaben im Buchstabenzelt suchen.

ABC-ZIRKUS

1

2

1 2 Bilder mit dem gleichen Anlaut verbinden, dann passenden Buchstaben im Buchstabenzelt suchen.

E e

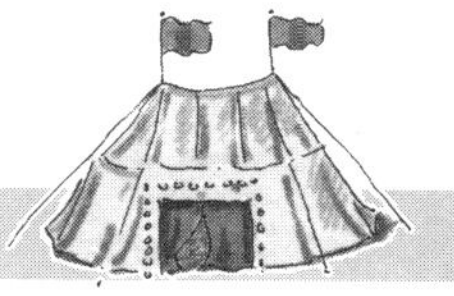

1 E e

E

e

	l	

L		a

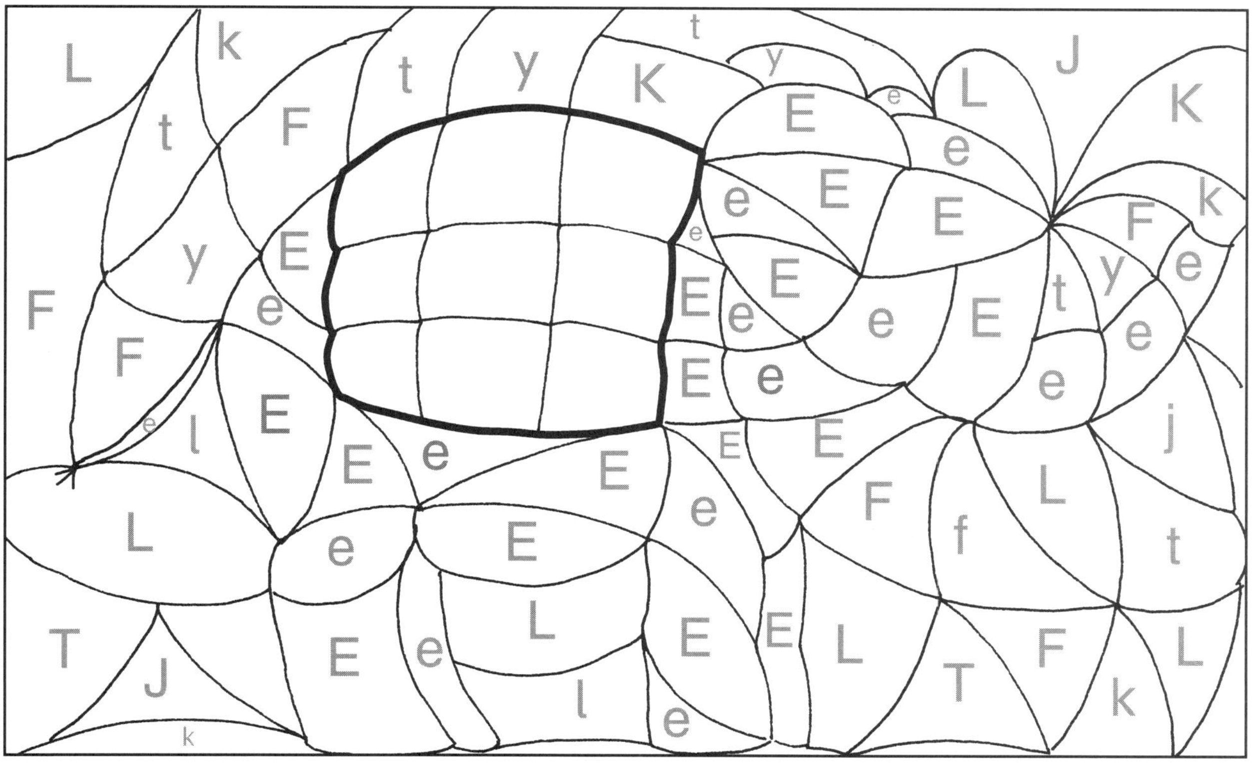

1 E und e in der angegebenen Schreibrichtung nachschreiben, letzte Zeile frei wählen. **2** E und e schreiben.
3 E und e ausmalen, dann E und e in die Decke von Ele schreiben.

Ee

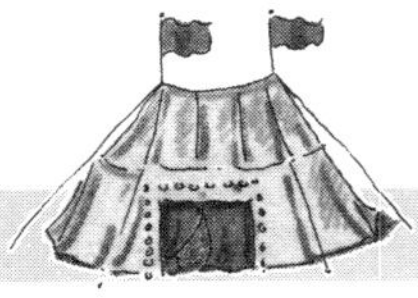

1

Ee

2

E e

Esel Feder Insel Ele Mama
Lea Ente Rakete Elch Reh

3

E e

Oma Rabe Zelt Schule Ele
Rose Affe Ananas Nest Uhu

1 Bilder markieren, die den Laut enthalten.
2 3 E und e einkreisen.

Ee

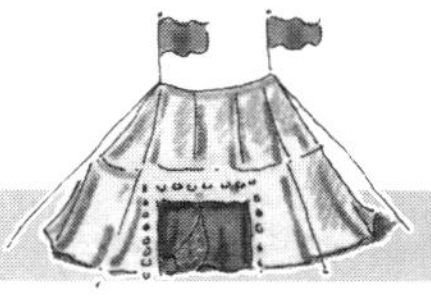

Würfelspiel für 2–4 Kinder: Um die gewürfelte Zahl vorrücken, dann zum Bild mit dem gleichen Anlautbild vor- oder zurückspringen.

Ee

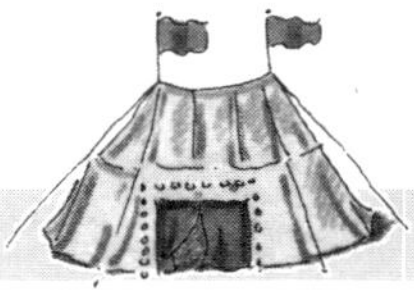

1

2

3

1 **2** Zu den Bildern die passenden Buchstaben suchen (Buchstabenzelt).
3 Die Buchstaben aus **2** in die Kästchen schreiben, die passenden Bilder malen.

Ee

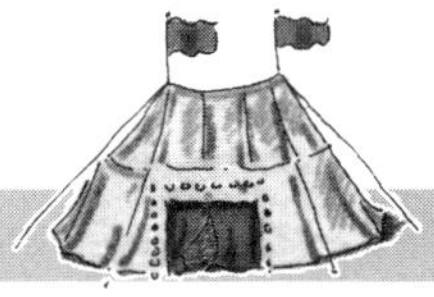

1

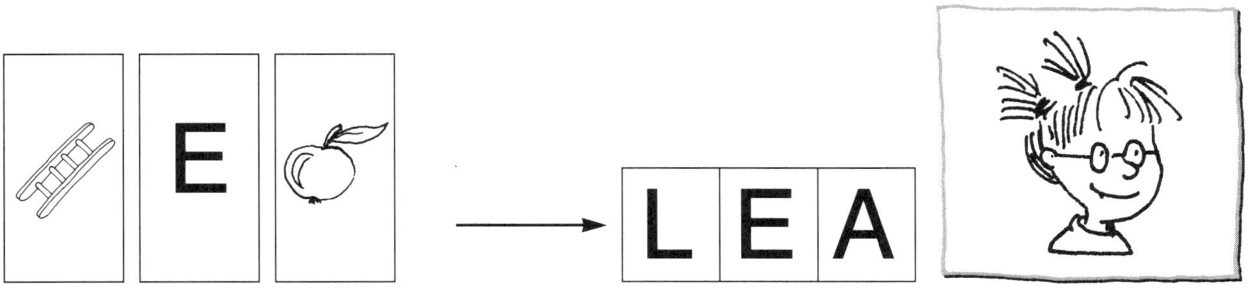

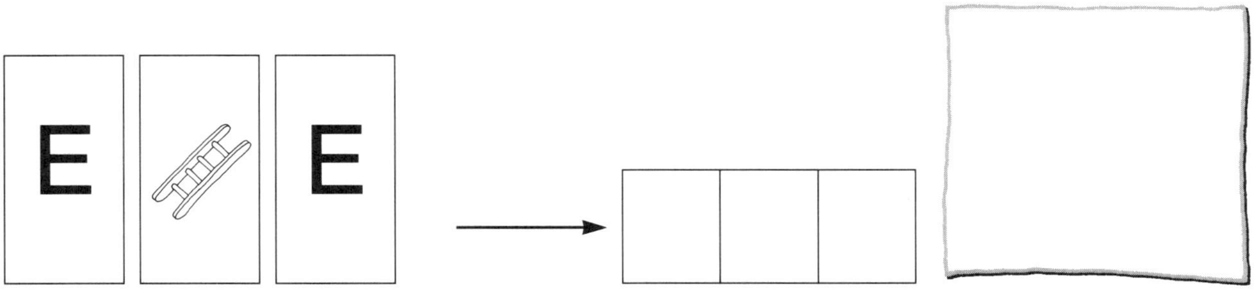

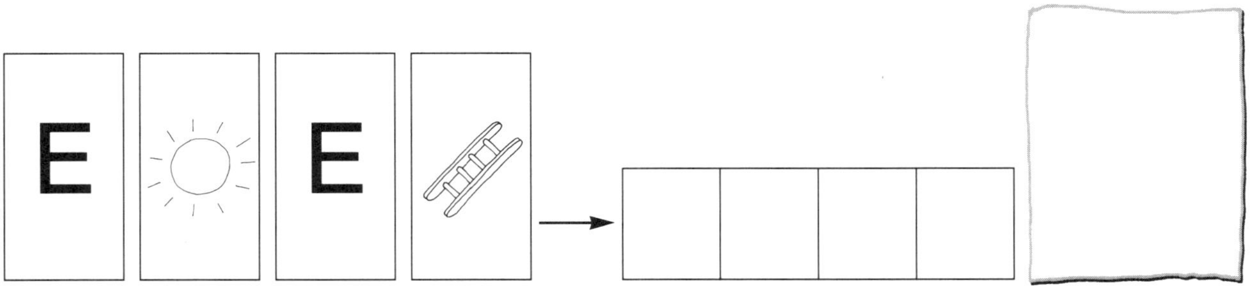

2

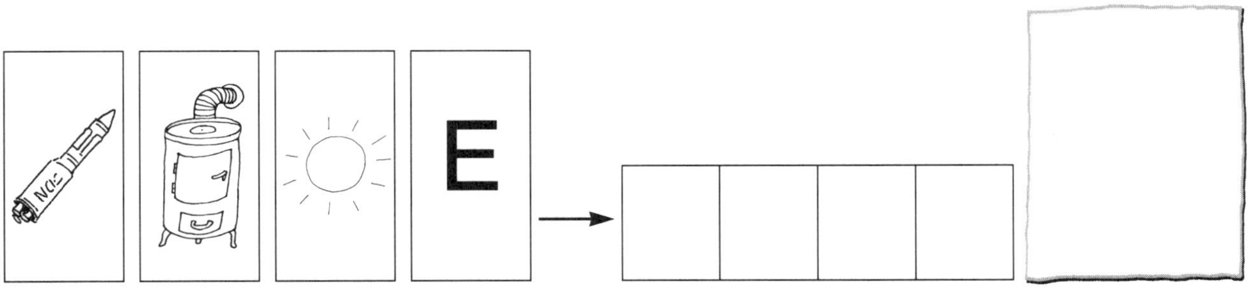

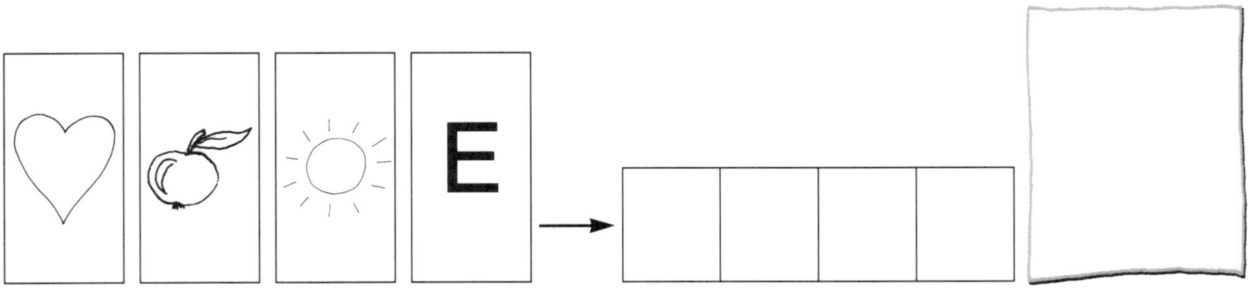

1 **2** Anlautbuchstaben in Kästchen schreiben, Bilder zu den Wörtern malen.

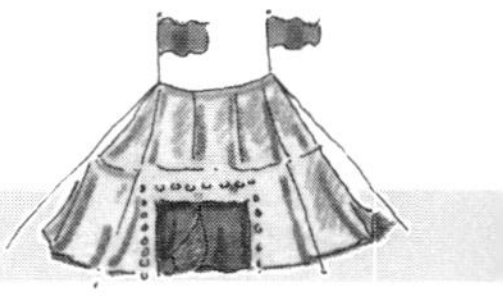

1

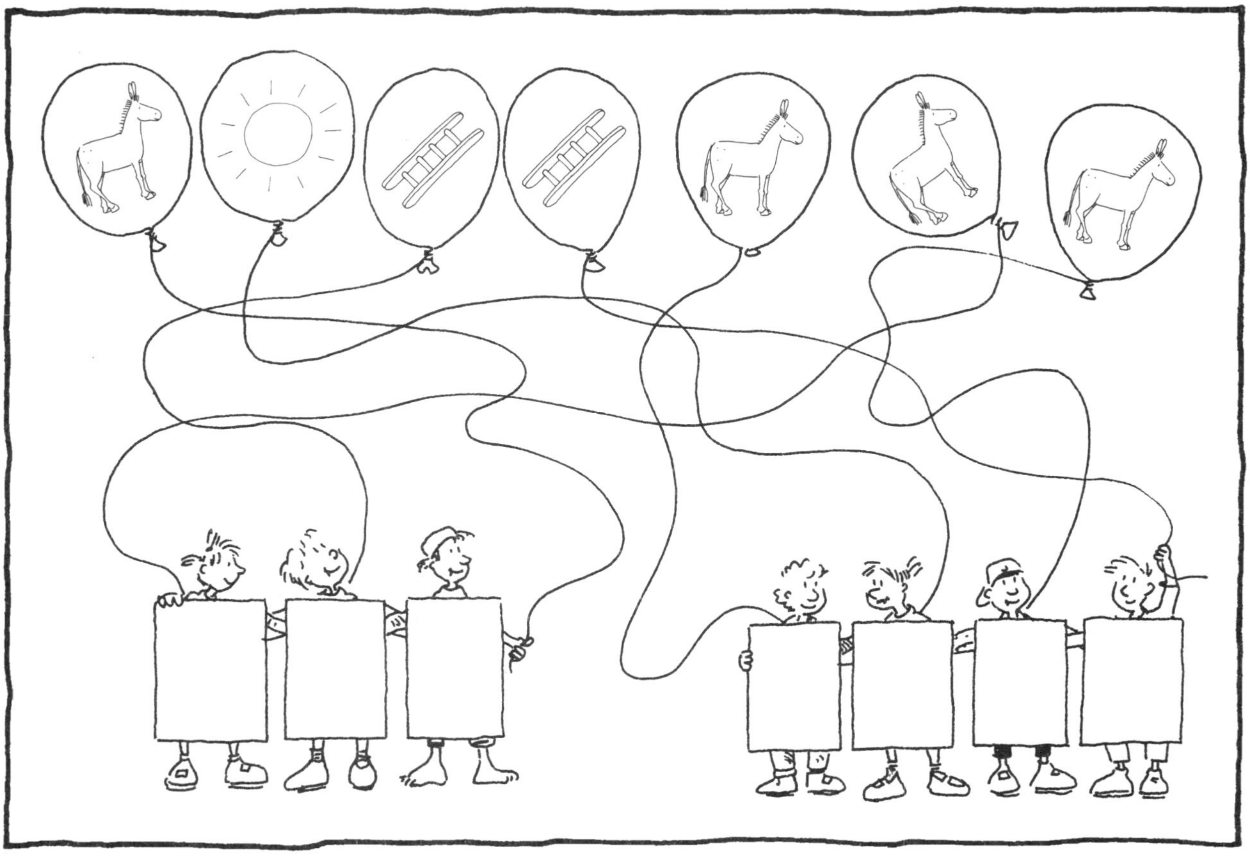

2

1 Anlautbuchstaben in die Kästchen schreiben.
2 Die jeweils gleichen Elefanten verbinden (5 Paare).

L l

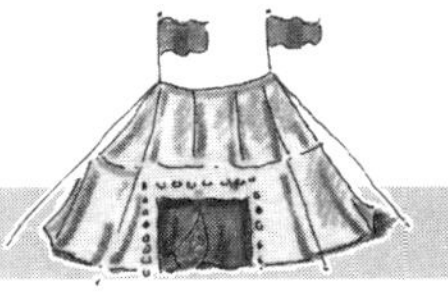

1

L l

L

l

Ele

2

1 L und l in der angegebenen Schreibrichtung nachschreiben, letzte Zeile frei wählen.
2 Felder mit L und l in der selben Farbe ausmalen.

Ll

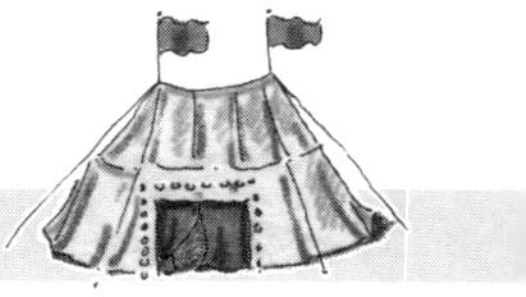

1

2 Elle und Lea lachen leise.

(L) Esel Leo lernt laut Lola lesen.

(l) Lisa lutscht lauter lila Lollis.

3

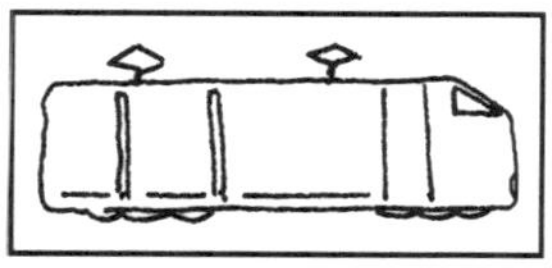 → L _ _

 → L _ _ _

→

1 Bilder markieren, die den Laut enthalten.
2 L und l einkreisen, Sätze als Sprechübung verwenden.
3 Wörter abhören, Anlautbuchstaben eintragen (Buchstabenzelt), ein Beispiel ausdenken lassen.

L l

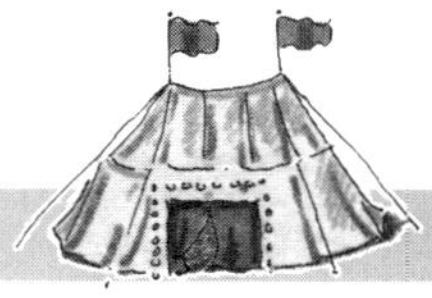

1

2

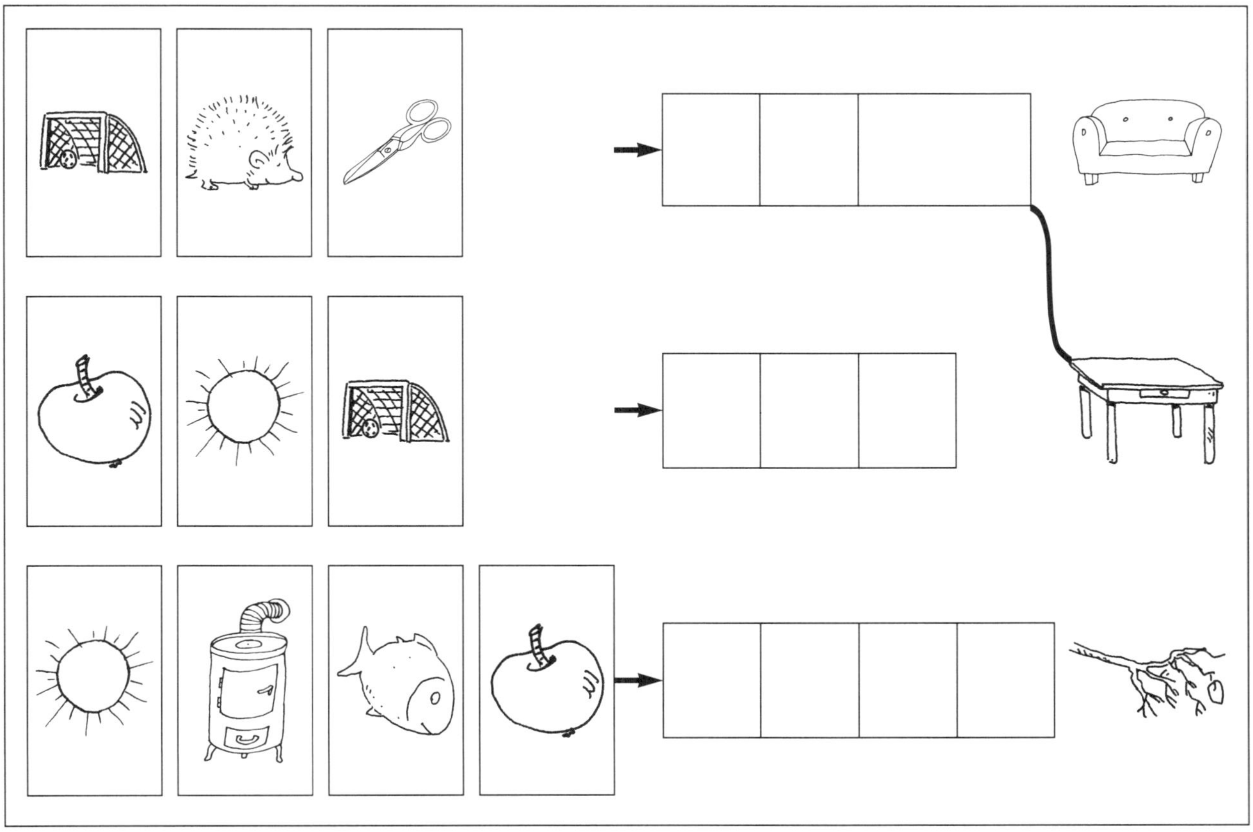

1 Den Wortanfang mit den passenden Bildern verbinden.
2 Buchstaben schreiben, Wörter dem passenden Bild zuordnen.

Ll

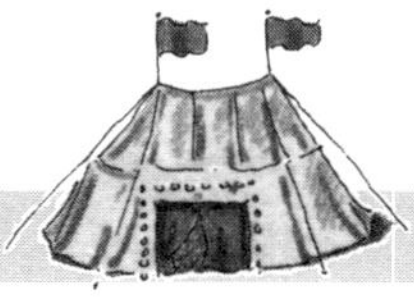

1

 → E l e

 →

 →

 →

 →

2

→

→

1 Wörter schreiben mit den Anlautbuchstaben.
2 Eigene Beispiele finden lassen.

Ausschnitte im Bild suchen und einkreisen.

Ll

☾

✳

Bingo für 3 Kinder: Kind 1 spielt bei ☾, Kind 2 bei ✳. Kind 3 wählt ein Bild aus der Mittelleiste aus, die beiden anderen wählen Bild mit dem selben Anlaut.

Aa

1

A

a

Aal

2

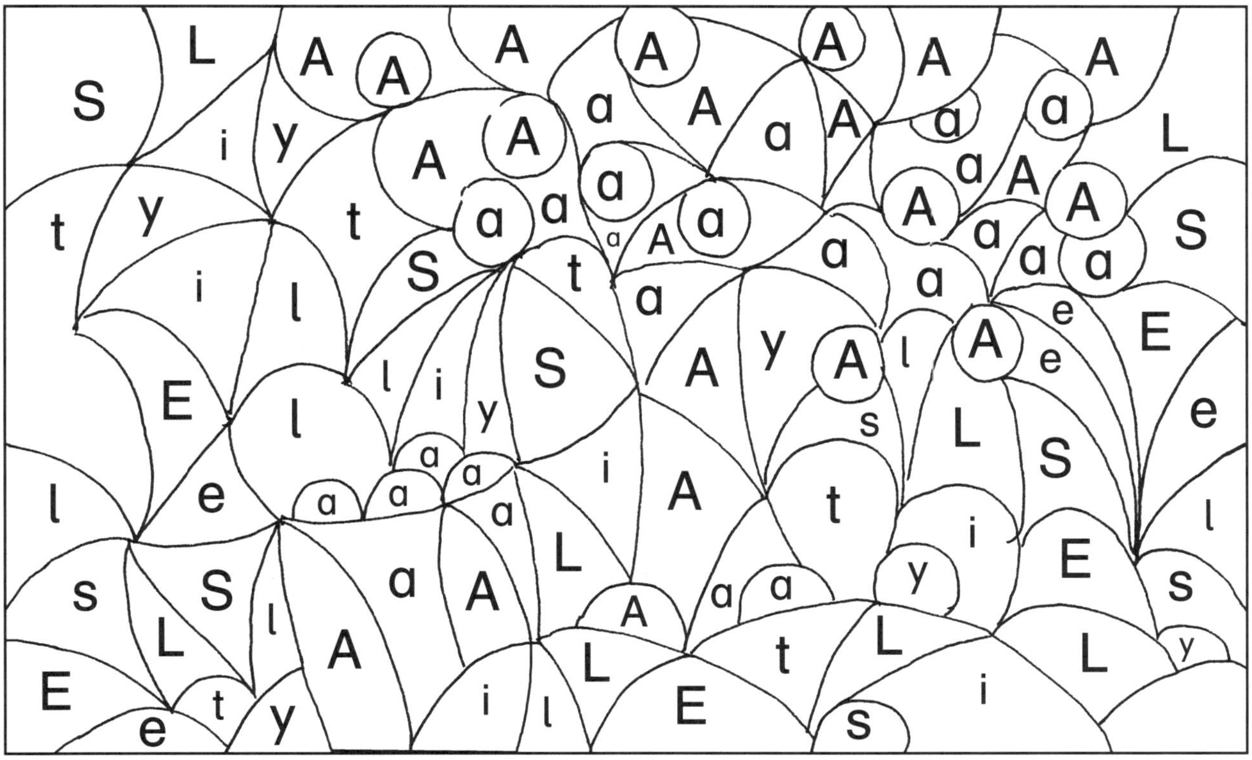

1 A und a in der angegebenen Schreibrichtung schreiben, letzte Zeile frei wählen.
2 A und a ausmalen.

Aa

1

Aa

2

Aa

1 Bilder markieren, die den Laut enthalten. 2 Stellung des Lauts markieren.

Aa

1

La
Le

La
Le

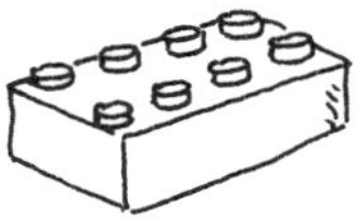

la
le

la
le

2

Alle alten Lamas aßen am Abend artig Ananas.

Alberne Affen hangeln mit ihren Armen am armdicken Apfelbaum-Ast.

3

1 Lesen und verbinden. **2** Buchstaben einkreisen, als Sprechübung verwenden. **3** Wörter schreiben.

Aa

1

2

1 **2** Wörter in die Kästchen schreiben und Bilder dazu malen.

Ss

S s

S

s

See

Esel

s

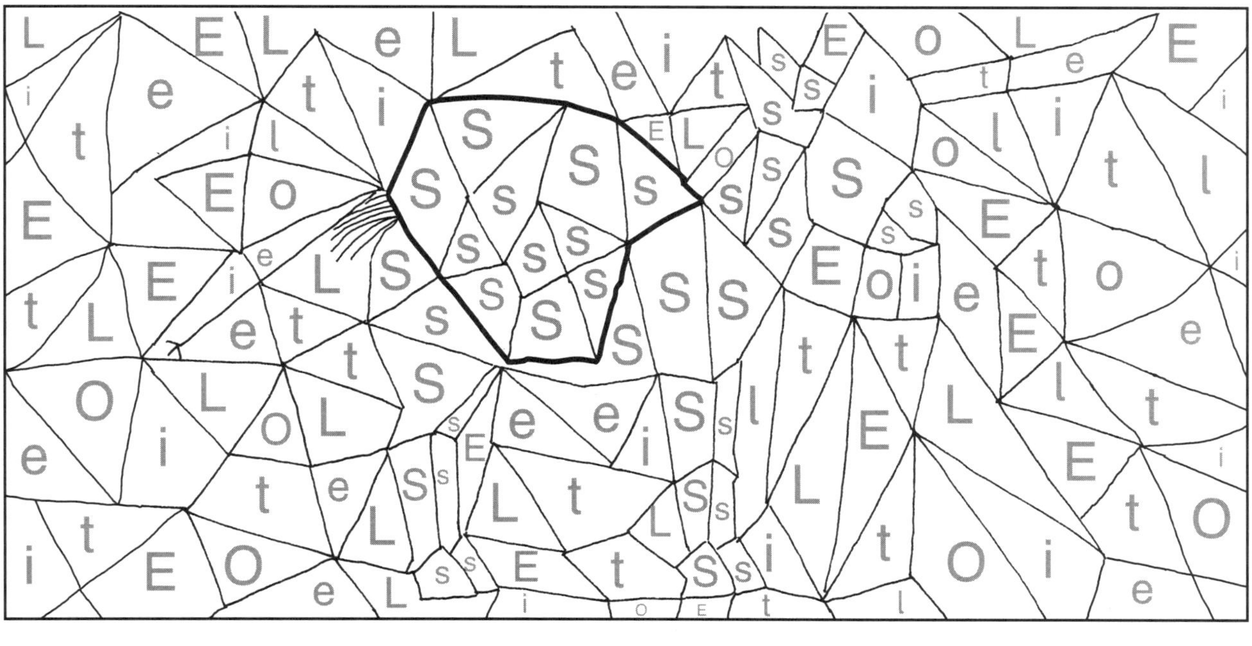

1 S und s in der angegebenen Schreibrichtung nachschreiben.
2 S und s ausmalen.

Ss

1

Ss

2

Ss

1 Diejenigen Kreise ausmalen, wo /s/ zu hören ist.
2 Stellung des S-Lautes markieren.

S s

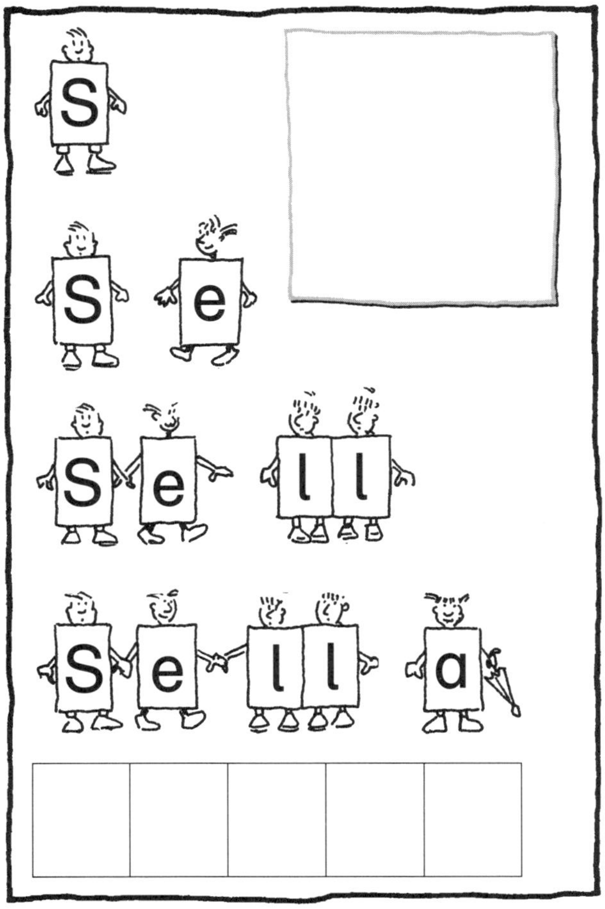

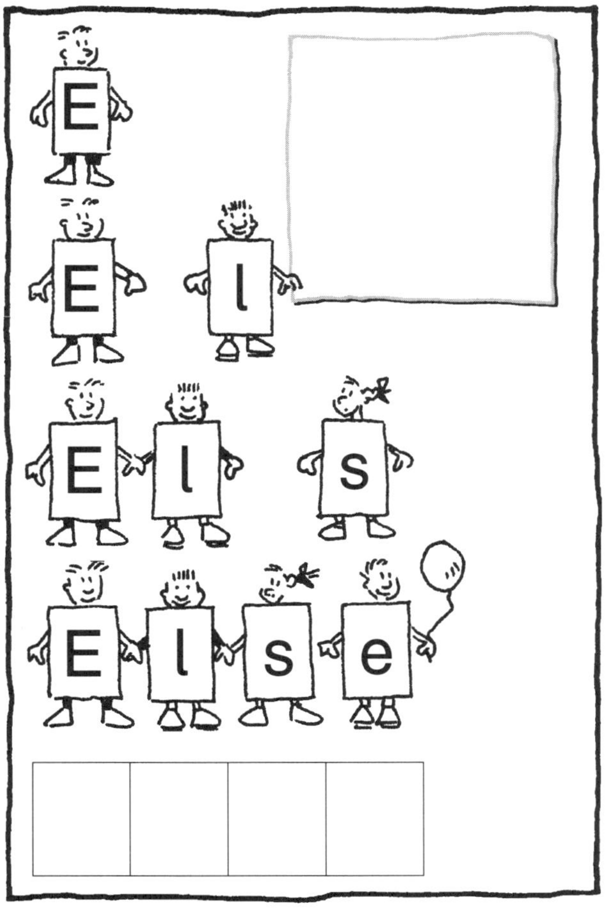

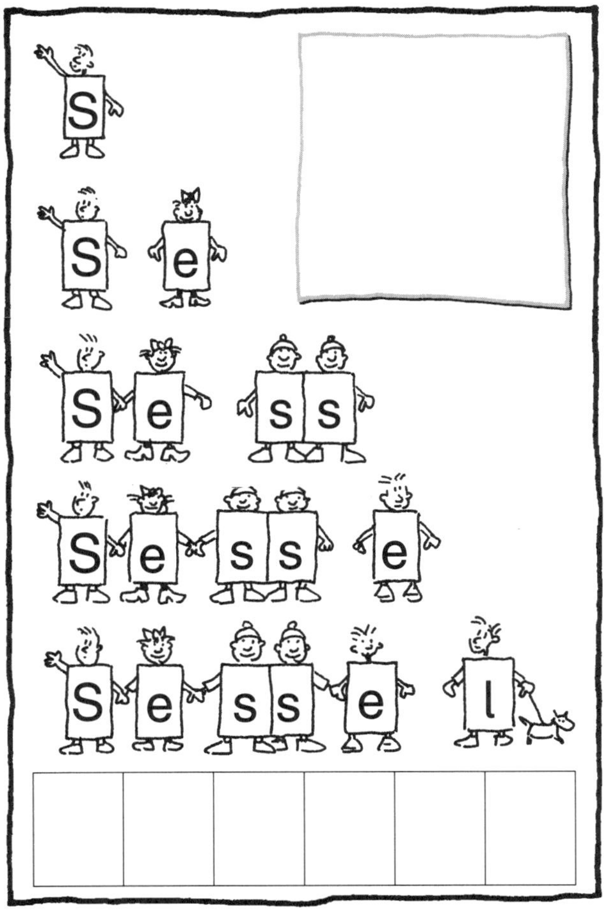

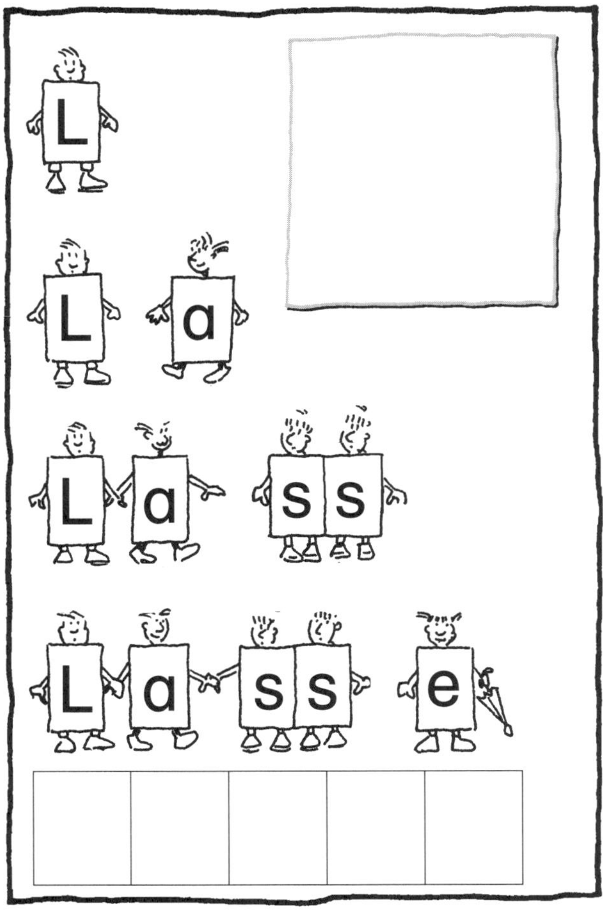

1 **2** Schreiben und malen.

Ss

1

 ☐☐☐☐

 ☐☐☐☐

 ☐☐☐☐

 ☐☐☐☐

2

E l s e

E s e l

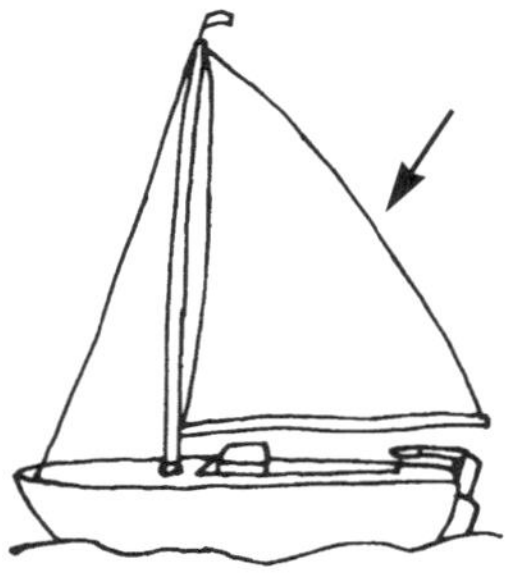

S    e

S e  e l

S  l  

S e s s e l

1 Wörter schreiben.
2 Bild mit dem richtigen Wort verbinden.

Nn

Nn

N

n

Nase

Anna

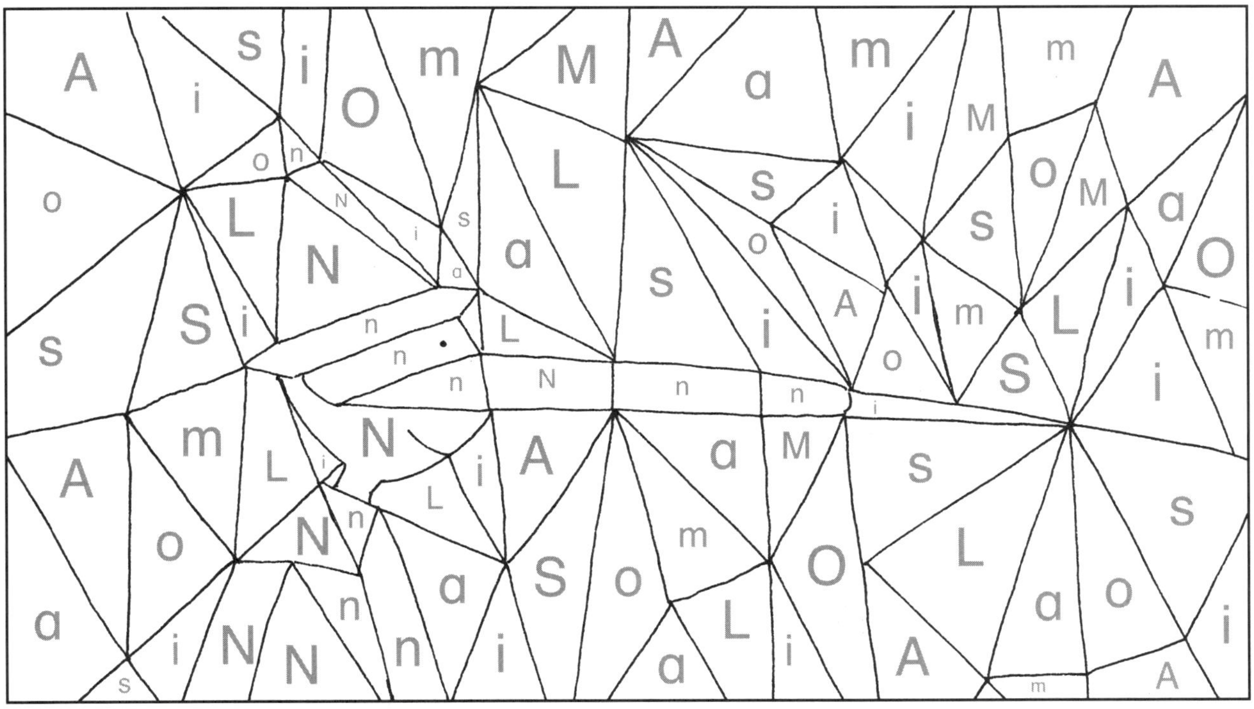

Nn

1

Nn

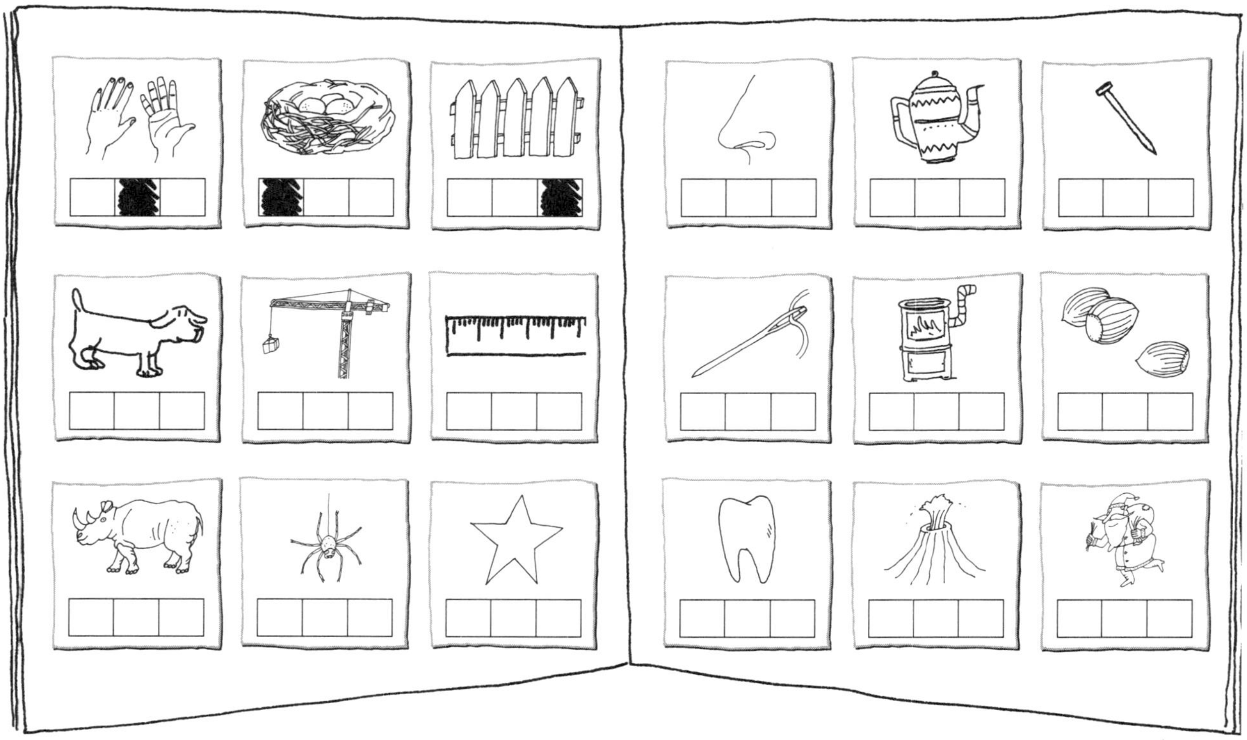

2

N n

Blendend weiße Zähne

Nie mehr nasse Hände!

Naxo – nutzt gegen Spinnen

Gesund schlafen auf Nana-Betten

3

A			e	l	→

	a		e	→

L	a			e	→

1 Stellung des N-Lautes markieren. **2** Nn einkreisen. **3** Wörter vervollständigen und dazu malen.

Nn

Würfelspiel für 2–4 Kinder: Jedes Kind hat einen Spielplan. Auf das Bild mit dem gewürfelten Anlaut wird ein Plättchen gelegt. Wer zuerst alle Bilder belegt hat, hat gewonnen. Bei der Zahl 6 freie Wahl.

Nn

1

1 Wörter abbauen und neu aufbauen.

Wie sieht es im Haus aus? Wer wohnt darin? Bild ausgestalten.

♡

E	n	l	S
a	e	A	l
s	L	e	n
N	s	a	N

❀

S	a	N	e
e	n	E	s
N	a	n	l
s	L	l	A

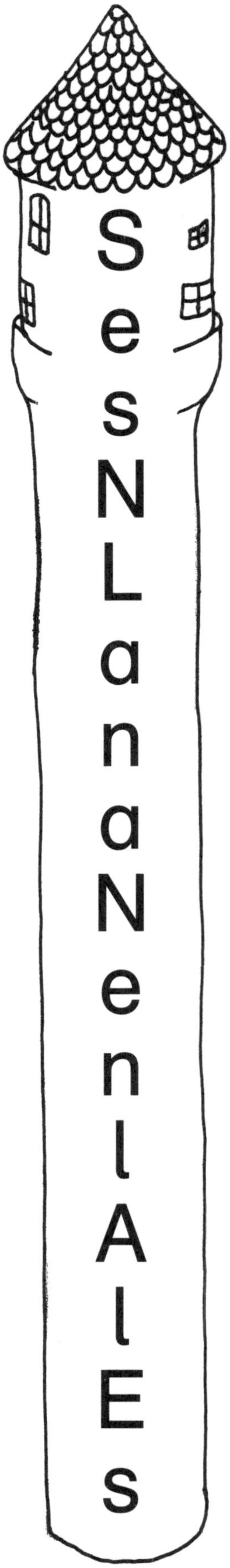

Bingo für 3 Kinder. Kind 1 spielt bei ♡, Kind 2 bei ❀. Kind 3 wählt die Buchstaben aus dem Turm und markiert die vorgelesenen Buchstaben.

Rr

R

r

Rasen

er

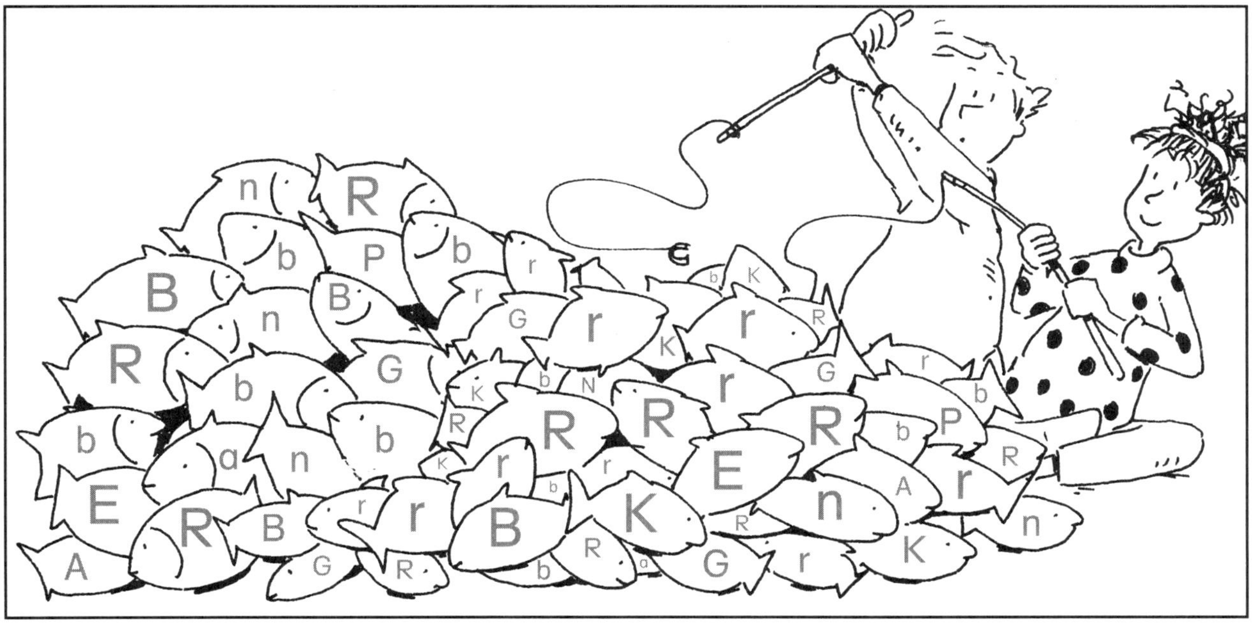

1 R und r in der angegebenen Schreibrichtung nachschreiben, letzte Zeile frei wählen. **2** Felder mit R und r bunt ausmalen.

Rr

1

Rr

2

Rr

1 Gegenstände mit R und r bunt anmalen.
2 Stellung des R-Lautes markieren.

Rr

Rassel

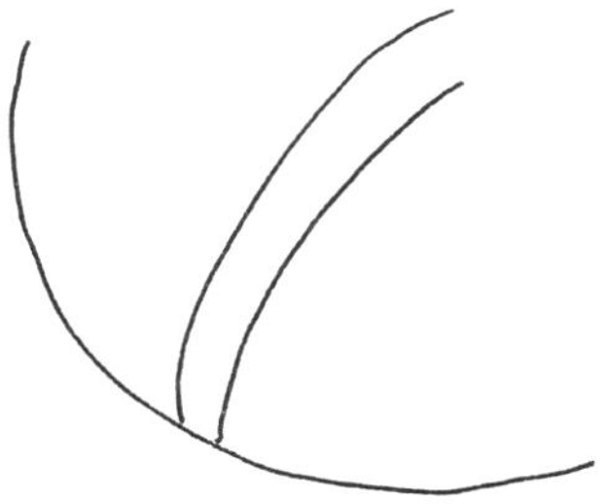

Ra

Esel

Ara

Sessel

Rasen

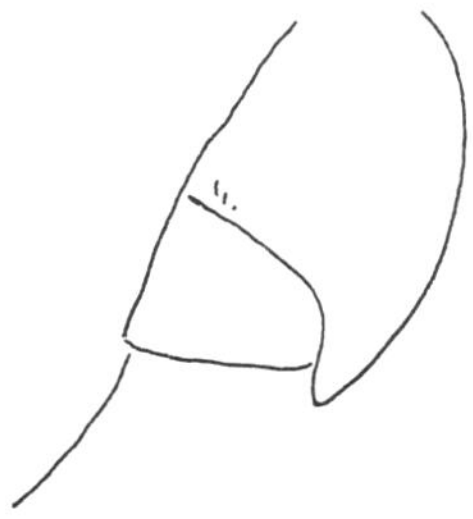

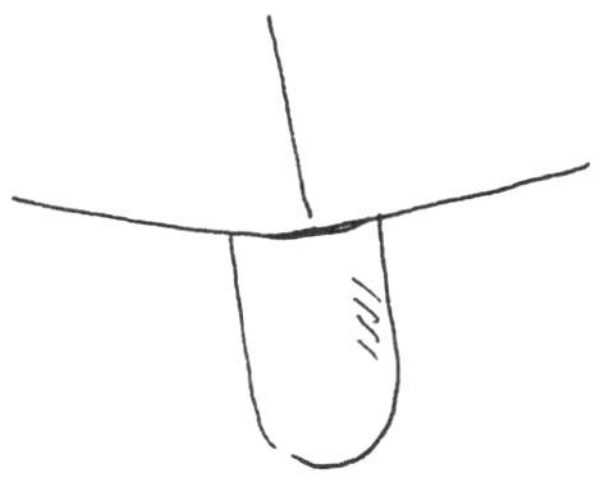

Amsel

Paarkarten erkennen, Wörter eintragen.

Rr

1

_ a s e n	_ l a s e n	_ a s e n	_ a s e n

2

_ e e	_ e e	_ n e e	_ l e e

3

1 **2** Buchstaben eintragen, Wort lesen und malen.
3 Buchstaben synthetisieren und jeweils mit passenden Bildern verbinden.

Mm

1 Mm

M

m

Mama

2

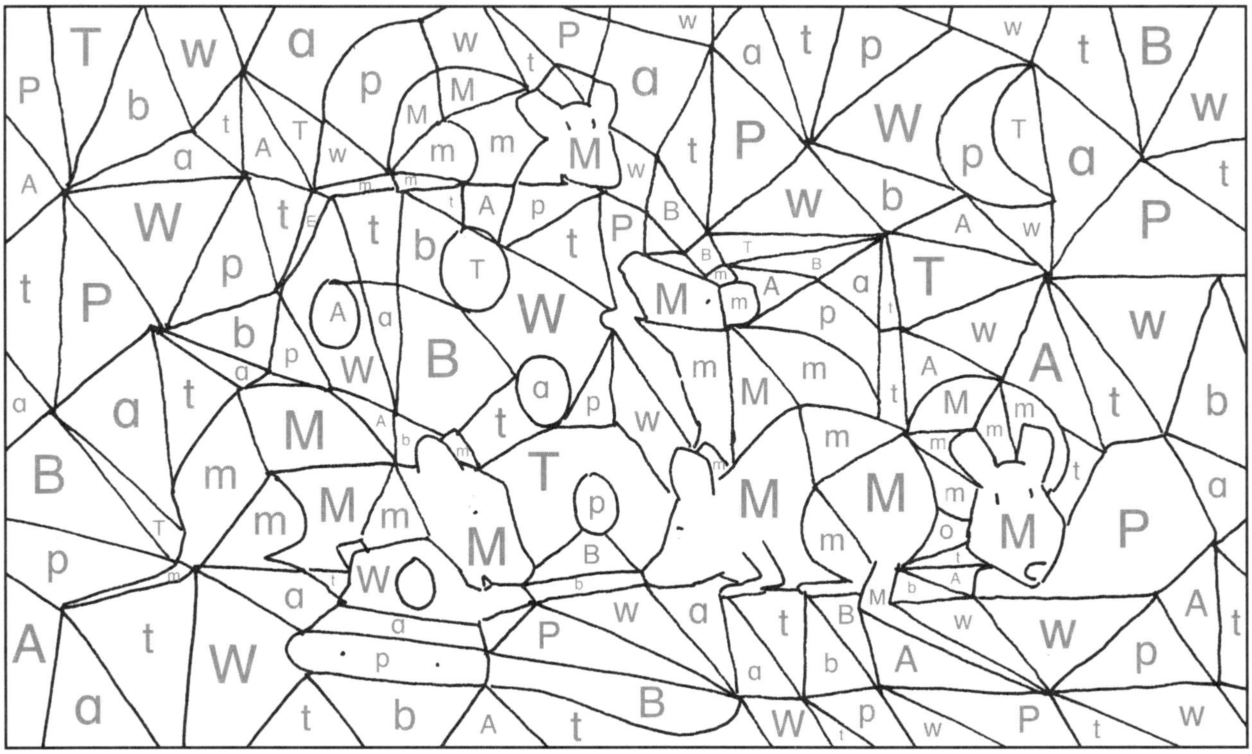

1 M und m in der angegebenen Schreibrichtung nachschreiben, letzte Zeile frei wählen.
2 M und m ausmalen.

Mm

1

M
m

2

	a		a					e	r	

	a	s	e	n	.

3

	m						e	r	

			e	n	.

1 Stellung des M-Lautes markieren. **2** **3** Sätze lesen, vervollständigen und dazu malen.

Mm

 Sa — ma —  Am — se

 Ma — men —  La — sel

 Mes — ser —  Na — ma

- [ ] Ele am Meer
- [ ] Lasse am Meer
- [ ] Anna am Meer

- [ ] Nera am Sessel
- [ ] Nera am See
- [ ] Lea am See

1 Silben zu Wörtern verbinden. **2** Wörter schreiben. **3** Lesen und ankreuzen.

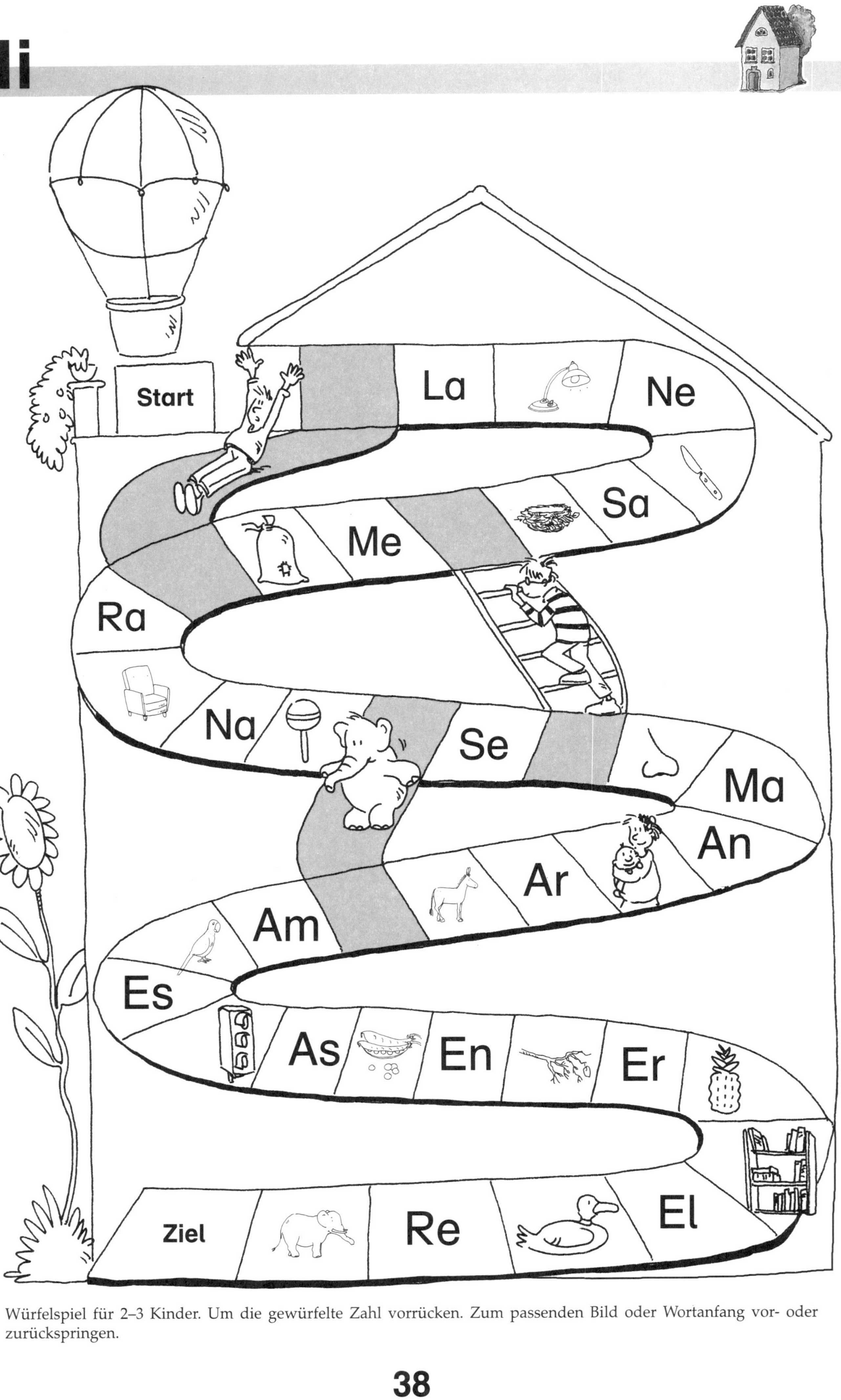

Würfelspiel für 2–3 Kinder. Um die gewürfelte Zahl vorrücken. Zum passenden Bild oder Wortanfang vor- oder zurückspringen.

Ii

1

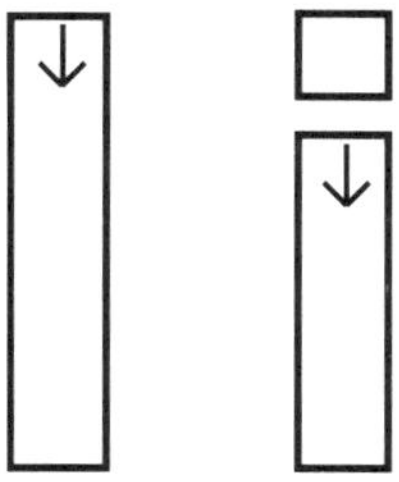

Ii

Insel

in

2

1 I und i in der angegebenen Schreibrichtung nachschreiben, letzte Zeile frei wählen. **2** Die Segel mit I und i anmalen.

1

Ii

2

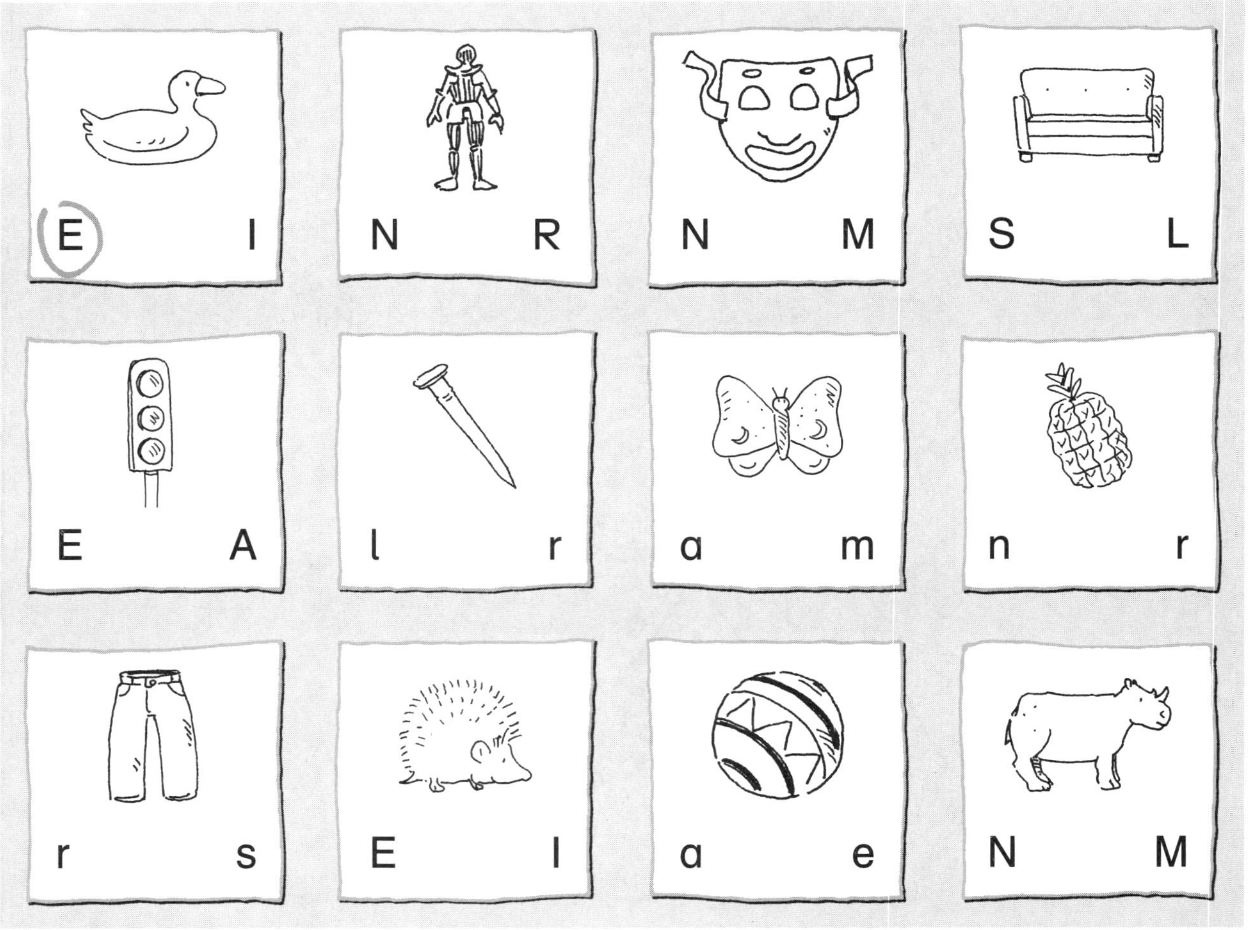

1 Stellung des I-Lautes markieren.
2 Laute abhören, passenden Buchstaben einkreisen.

Ii

N

I

A

1 Wörter aufbauen.
2 Die Wörter im oder am passend zum Bild im Kreis eintragen.

Ii

1

☐ Ele im All

☐ Ele im Sessel

☐ Ele am See

☐ Insel im Meer

☐ Amsel im Rasen

☐ Esel im Arm

☐ Namen am Arm

☐ Rassel am Arm

☐ Riss im Sessel

2

1

2

3

4

5

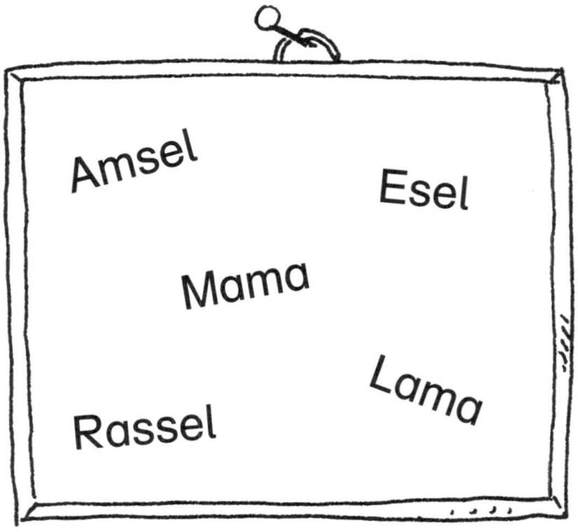

1 2 3 4 5

1 Lesen und ankreuzen.
2 Wörter zu den Bildern schreiben, Lösung eintragen und malen.

1 6 Unterschiede zwischen Maler und Spiegelbild markieren.

2 Jeweils 2 Bilder sind gleich. Eines bleibt übrig, dieses anmalen.

Ein Spiel für 2–4 Kinder: Würfeln. Vom großen Buchstaben vor zum Bild mit dem passenden Anlaut, vom kleinen Buchstaben zurück zum Bild mit dem passenden Anlaut. Auf dem Bildfeld darf immer nur eine Figur stehen.

Oo

Oo

O

o

Oma

los

1 O und o in der angegebenen Schreibrichtung nachschreiben, letzte Zeile frei wählen.
2 Stellung des O-Lautes markieren.

Oo

1

l n

a o

L a

m e

n o

e r

a e

m n

l l

a e

s e

r l

2

Na

Ro

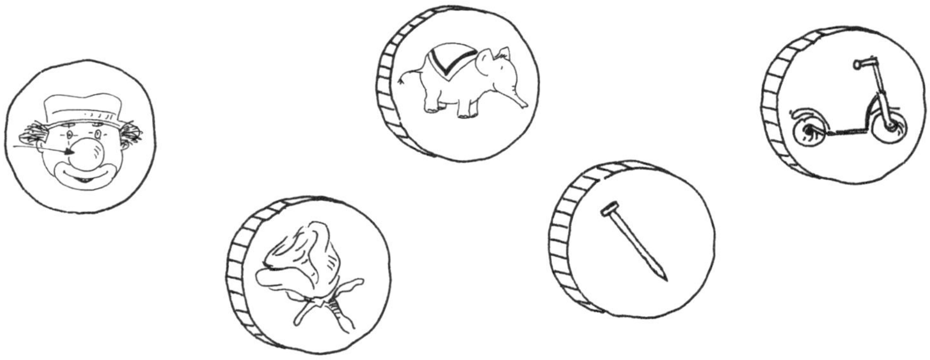

3

Na – no / se

Line – el / al

Ro – se / ne

Son – s / ne

4

So

Li

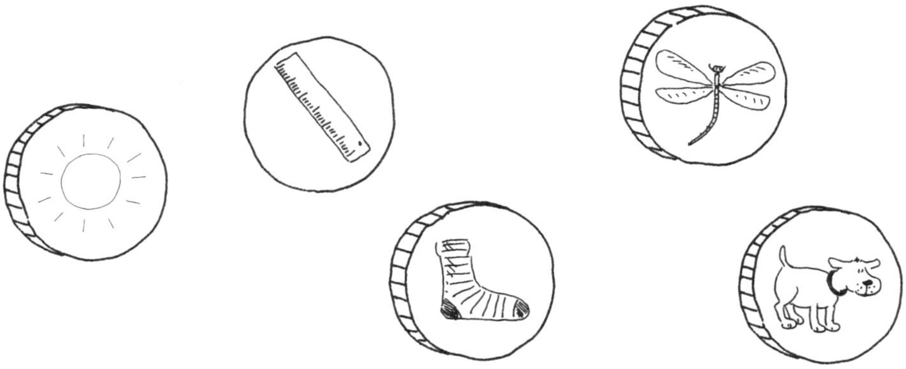

1 Passende Buchstaben einkreisen. **2** Silben mit passenden Bildern verbinden. **3** Silben verbinden und Wörter schreiben. **4** Silben mit passenden Bildern verbinden.

Oo

Rol	se	☐☐☐☐☐☐
Na	ler	☐☐☐☐

Son	sel	☐☐☐☐☐
Ro	ne	☐☐☐☐
In	se	☐☐☐☐☐

☐ 2 Amseln rennen im Rasen.

☐ 2 Esel rennen im Rasen.

☐ Ananas im Sessel

☐ Melone im Sessel

☐ 3 Omas rollen los.

☐ 3 Roller rollen los.

☐ ☐ r →

☐ ☐ ☐ n →

☐ a ☐ e r →

1 Silben verbinden, Wort schreiben. **2** Passenden Satz ankreuzen. **3** Wörter schreiben, dazu malen.

Oo

1 Ele✓ Oma Rose Roller Lea
Sonne Esel See Nase

	Ele	

1 Wörter in die Felder schreiben und abhaken. Bingo 1 spielen.

2 Insel Lasso Los Olli
Maler Lolli Lineal Linse See

2 Wörter in die Felder schreiben und abhaken. Bingo 2 spielen.

T t

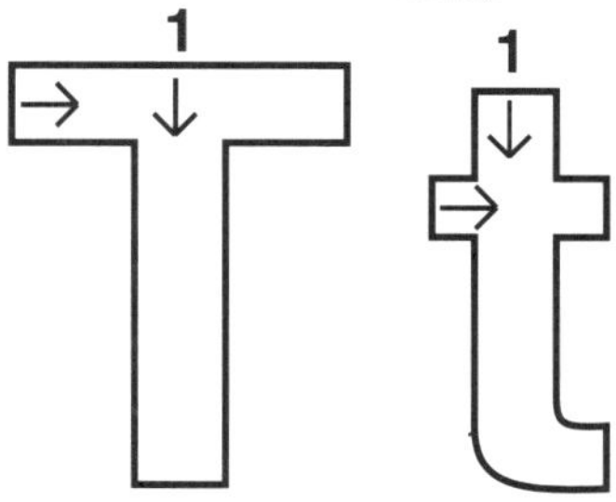

T

t

Torte

toll

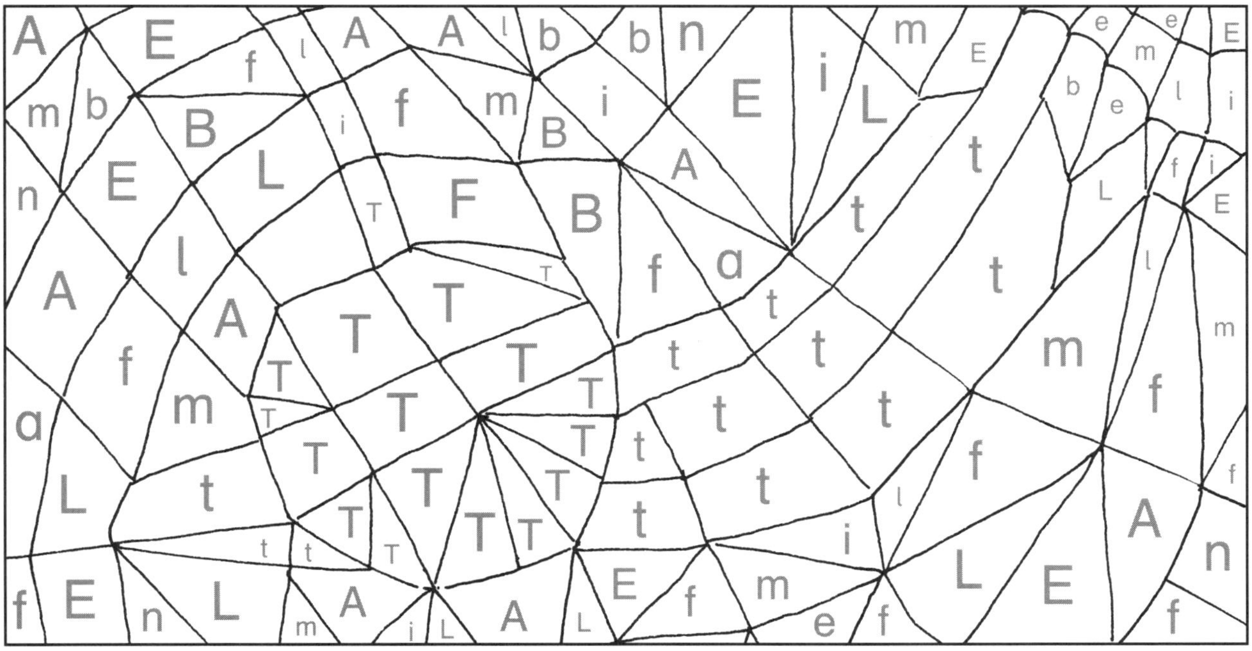

1 T und t in der angegebenen Schreibrichtung nachschreiben, letzte Zeile frei wählen.

2 Felder mit t *gelb* einfärben. Felder mit T *grün* einfärben.

Tt

1

Tt

2

T	O	I
R	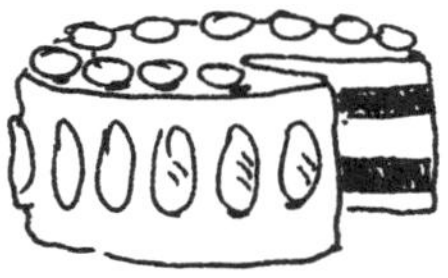	L
M	T	E

T	I	O
M		A
L	T	E

E	N	O
S		E
R	L	R

T	I	O
N		M
S	E	L

S	A	O
L		A
L	S	T

M	R	L
O		S
I	T	E

1 Stellung von T und t markieren.
2 Einkreisen, welche Laute in den Wörtern vorkommen.

T t

s i t — Sala

Salat

l t r — As

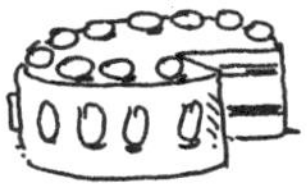

Tort — e i l

T S M — ama

i e t — oll

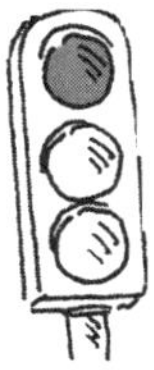

r a m — ot

Sa	te	☐☐☐☐☐
Tin	lami	☐☐☐☐☐☐
Tor	mel	☐☐☐☐☐
Trom	te	☐☐☐☐☐☐☐

Me	ma	ne	☐☐☐☐☐☐
To	lo	te	☐☐☐☐☐☐

1 **2** Verbinden und dann schreiben. **3** Silben verbinden, Wort schreiben.

Tt

1

- [ ] 1 Melone ist im See.
- [ ] 1 Melone ist im Rasen.

- [ ] 1 Tomate ist im Sessel.
- [ ] 1 Tomate ist am Ast.

- [ ] Im Nest ist 1 Rose.
- [ ] Im Nest ist 1 Amsel.

- [ ] 2 Esel rennen mit Ele.
- [ ] 2 Esel rennen mit Lea.

- [ ] Oma malt mit Tinte.
- [ ] Olli malt mit Tinte.

2

O _ a   r _ t e t   _ _

_ n e m   _ a m e l .

3

_ a _ a   _ i l m t

_ n   _ r o _ o _ i l .

1 Markieren, was zum Bild passt. **2** **3** Sätze vervollständigen, dazu Bilder malen.

F f

F

f

Foto

Affe

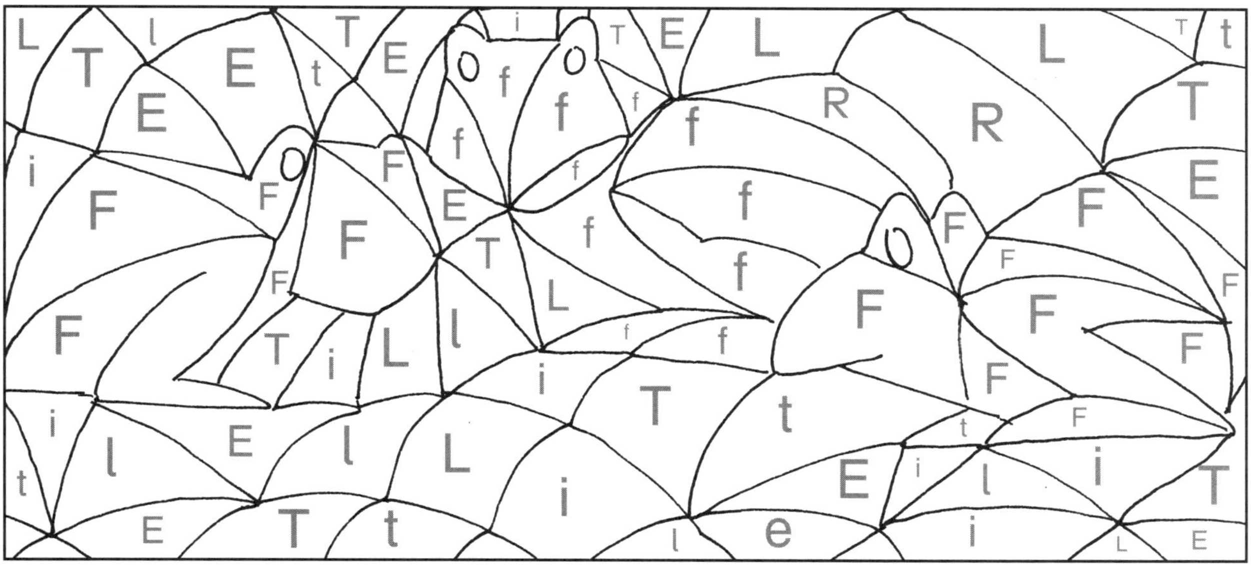

1 F und f in der angegebenen Schreibrichtung nachschreiben, letzte Zeile frei wählen.
2 F grün, f braun ausmalen.

F f

1

F f

2 obenAffeoderFilmaberuntenraus

AbendFestNüsseausfettdreieben

(F) (f)

Affe

oftimFotoSchuleOfenselberSaftdie

3

1 Stellung von F und f markieren. **2** Wörter mit F und f einkreisen, Wörter aufschreiben. **3** Anfangsbuchstaben schreiben.

F f

F • est / adel / oto

F • ilm / orm / amt

F • ell / not / ass

Fest

f • allen / nillen / ressen

f • alten / essen / assen

f • ett / lott / olm

El☐ A☐☐en ☐ressen ☐lott.

El☐ A☐☐en ☐assen ☐est ins Fell.

El☐ A☐☐en lassen ☐ast alles ☐allen.

El☐ A☐☐en ☐ilmen el☐ Ele☐anten.

1 **2** Jeweils zu 2 Wörtern verbinden und schreiben.
3 Buchstaben ergänzen, Sätze vorlesen.

F f

1 ☒

☐ Lea lernt falten mit Mama.
☐ Lea lernt falten mit Lasse.

☐ Am Telefon ist Esel Sella.
☐ Am Telefon ist Affe Fiffi.

☐ Affe Fiffi filmt Ele.
☐ Affe Fiffi frisst Ele.

2

 r 

 n

L 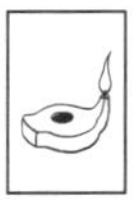  e n

A m  s e n

T i  e r

3

f  n f

 n

 r 

 u n  e

 a l

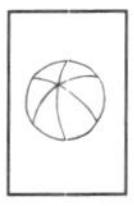  r e n

1 Passenden Satz ankreuzen. **2** **3** Bilder malen.

Sich selbst mit Freundin oder Freund malen.

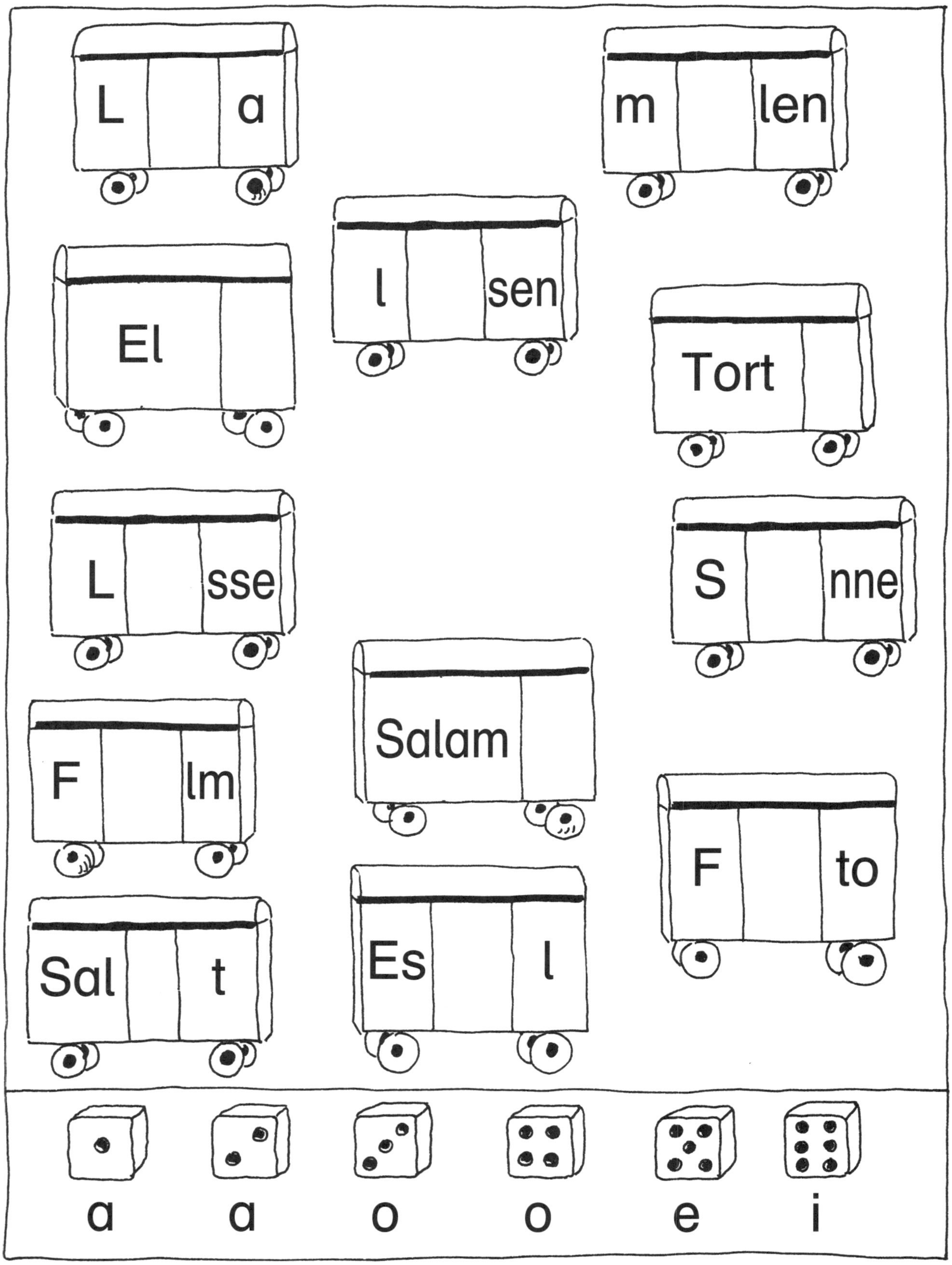

Lückenwort mit erwürfelten Buchstaben lesen! Den neuen Buchstaben mit Buntstift eintragen. Jedes Kind hat eine andere Farbe. Wer die meisten Buchstaben eintragen konnte, hat gewonnen.

Kk

K

k

Kasten

kalt

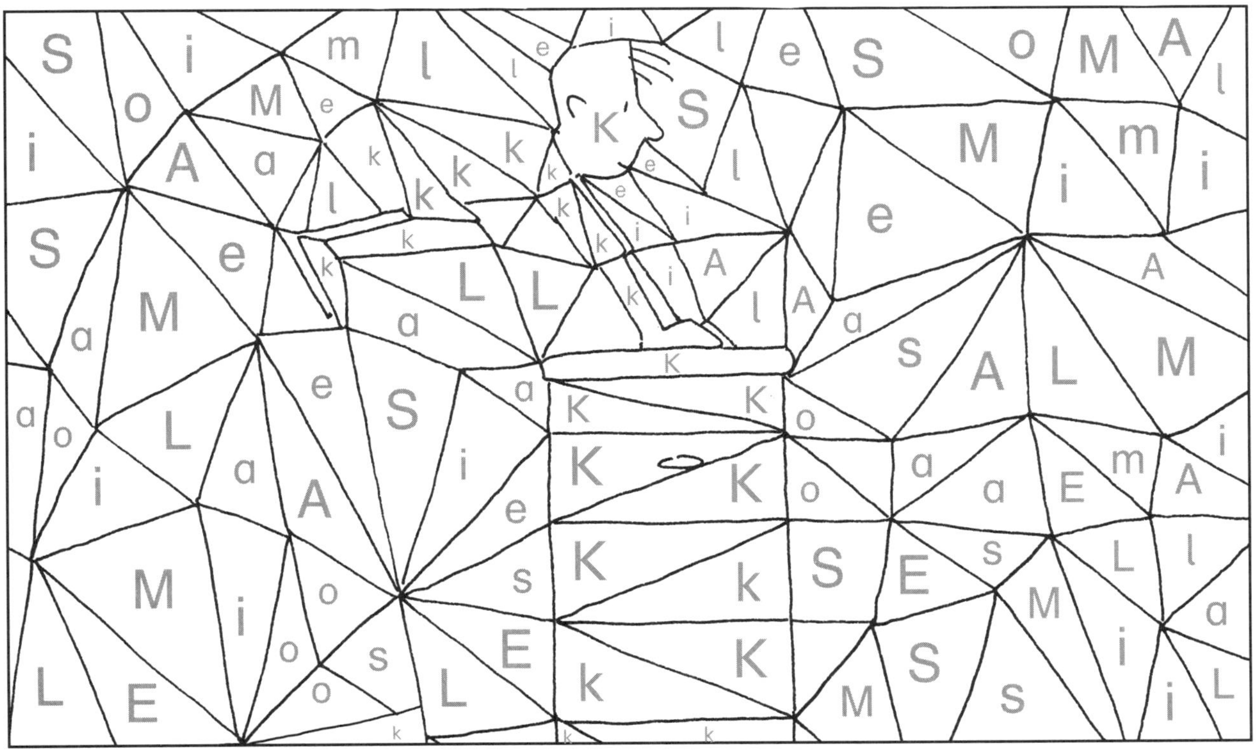

1 Buchstaben in der angegebenen Schreibrichtung schreiben, letzte Zeile frei wählen.
2 K- und k-Felder ausmalen.

Kk

1

Kk

2

K
K a
K a s

K
K r

K

1 Gegenstände ankreuzen, wo k zu hören ist. **2** Wort aufbauen und schreiben.

Kk

☐ Lasse klettert am .

☐ Lasse klettert am Kasten.

☐ Lea malt Kronen.

☐ Lea malt Kamele.

Koffer

Kasten

Maske

Kanne

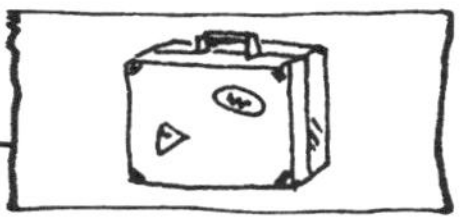

Kamel

Kamm

Kran

Krone

1 Zum Bild passenden Satz ankreuzen. **2** **3** Wort erlesen, mit passendem Wortumriß und passendem Bild verbinden. Fehlende Bilder malen.

ck

1

ck

Reck

kicken

2

Nicki	Tor.	kickt	ins

N ____ k ____ ____ ____.

klettert	am	Reck.	Nicki

N ____ ____ ____ R ____.

1 Buchstaben in der angegebenen Schreibrichtung schreiben, letzte Zeile frei wählen. **2** Sätze bilden.

Ei ei

Ei

ei

ein

Eis

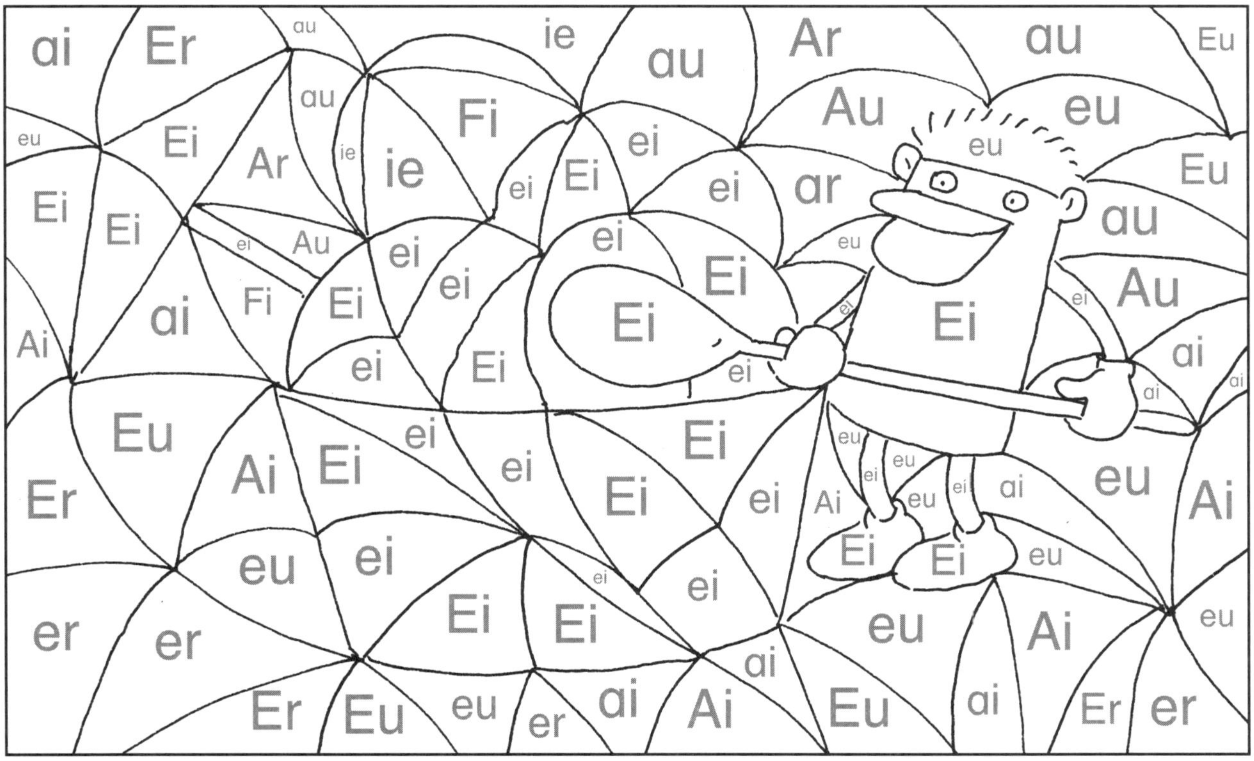

1 Buchstaben in der angegebenen Schreibrichtung schreiben, letzte Zeile frei wählen. **2** Ei- und ei-Felder ausmalen.

Ei ei

1

Ei
ei

2

Eier Eis Seil Eimer Leiter

1 Stellung des Lautes markieren. **2** Weg vom Bild zum passenden Wort finden und farbig einzeichnen.

Ei ei

Ei	er
	mer
	s

	s
R ei	fen
	ter

☐ Tom isst Reis.

☐ Tom isst ein Eis.

☐ Tom isst ein Ei.

☐  reitet.

☐  klettert.

☐  malt.

☐ Lea klettert.

☐ Lea kickt.

☐ Lea reitet.

ein Teller mit Reis

3 rote Eier im Nest

Tom isst ein Eis.

1 Wortteile zusammenfügen und mit passendem Bild verbinden. **2** Richtigen Satz ankreuzen. **3** Malen.

	Ameise		

Ameise✓ Kreis Seife Eis allein Seil Affe Melone Kasten

Tom Meise Torte Reiter Reifen Reise Amsel

Bingo. Zwei Kinder spielen, ein drittes Kind liest vor und markiert die vorgelesenen Wörter.

U u

1

U u

U

u

Unsinn

uns

2

3

1 Buchstaben in der angegebenen Schreibrichtung schreiben, letzte Zeile frei wählen. **2** Wörter abgrenzen und U/u einkreisen. **3** Legosteine mit U rot, mit u blau anmalen.

U u

1 ☒

M U

O U

o u

u i

l m

o u

a u

u o

t l

o u

2

ru	ten
tu	seln
ras	fen

rufen

3

Ulla | mit | summt | einem Kamm.

Ulla

Lasse | im Takt. | tutet

1 Passenden Buchstaben ankreuzen. **2** Silben verbinden und Wort aufschreiben. **3** Sätze bilden.

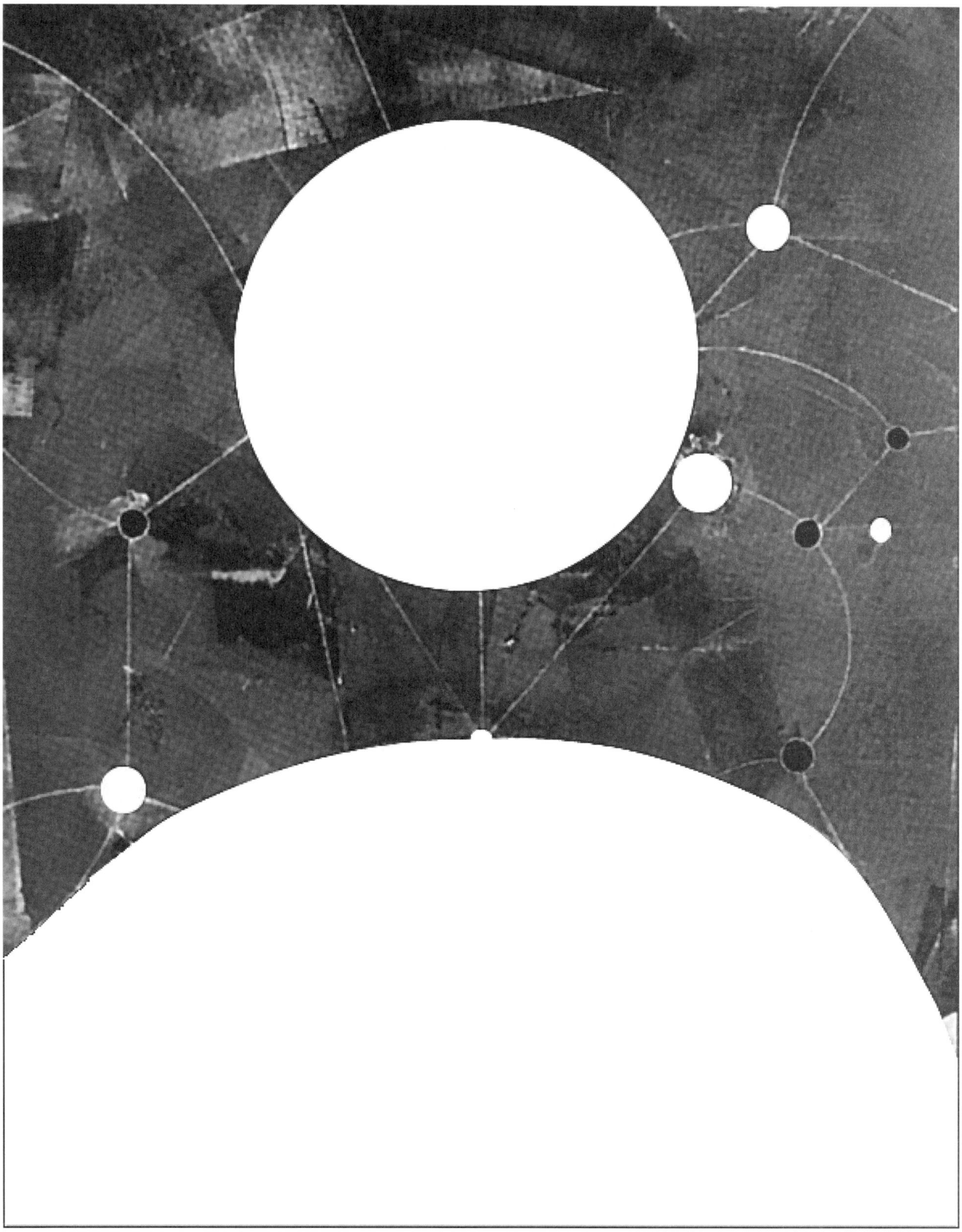

Planeten mit Glanzpapier auskleben, bunte Sterne in den Nachthimmel kleben.

STERNE

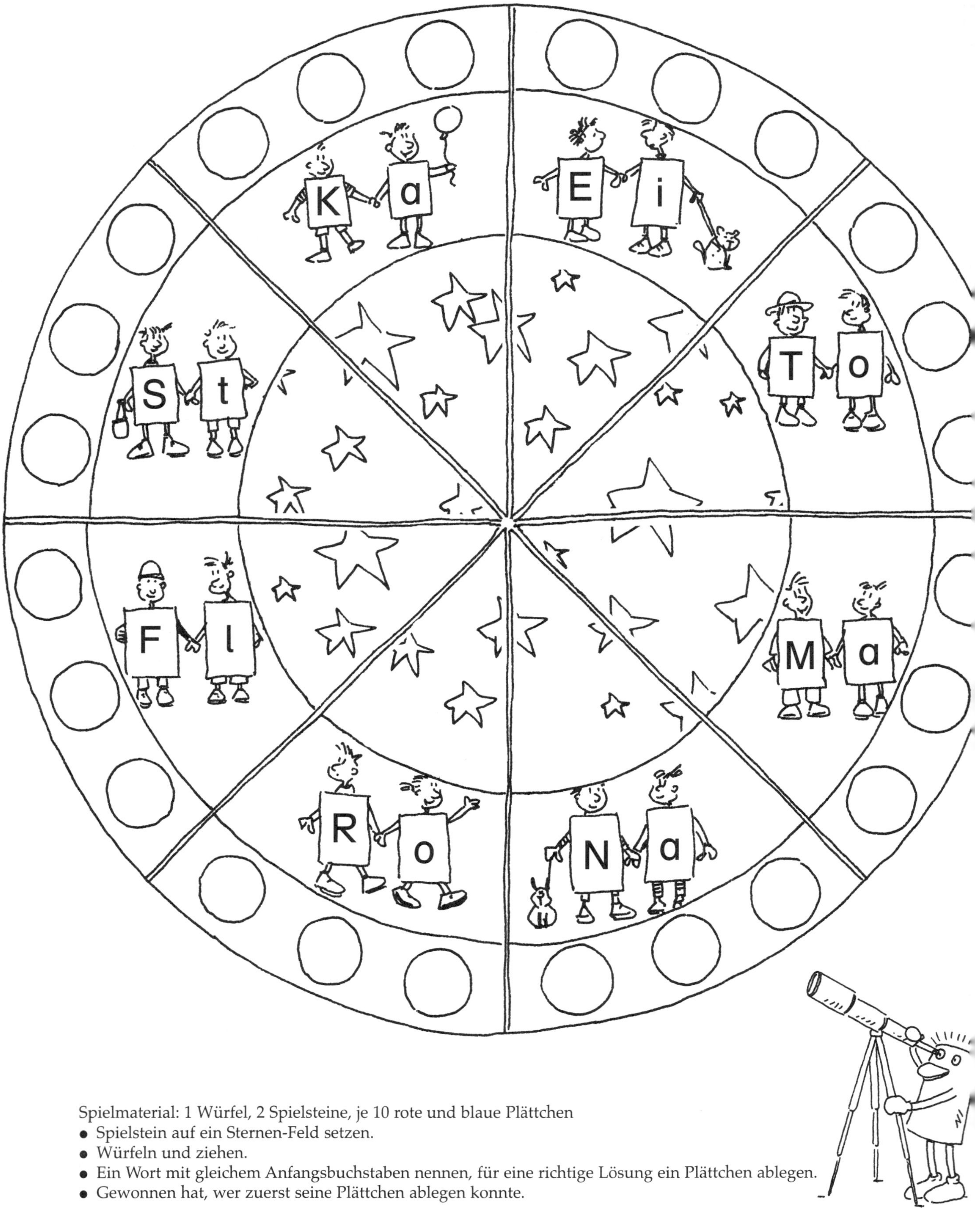

Spielmaterial: 1 Würfel, 2 Spielsteine, je 10 rote und blaue Plättchen

- Spielstein auf ein Sternen-Feld setzen.
- Würfeln und ziehen.
- Ein Wort mit gleichem Anfangsbuchstaben nennen, für eine richtige Lösung ein Plättchen ablegen.
- Gewonnen hat, wer zuerst seine Plättchen ablegen konnte.

Hh

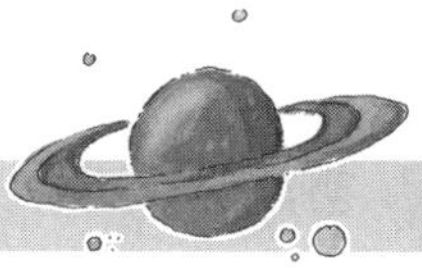

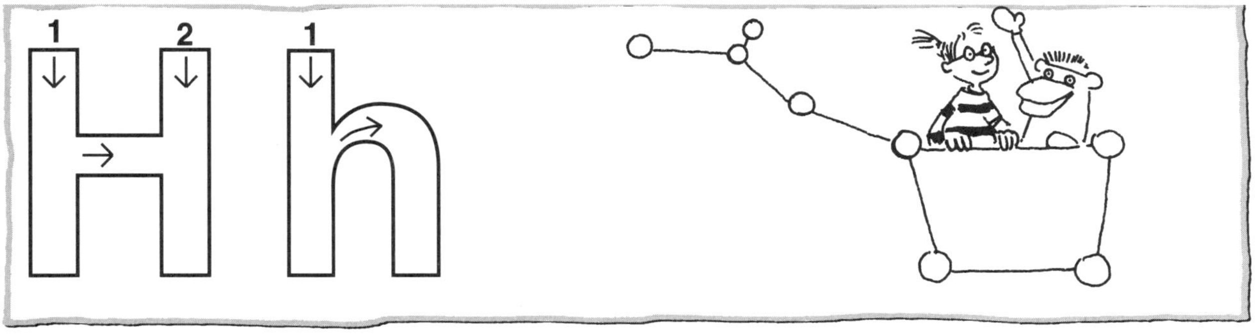

H

h

Himmel

hell

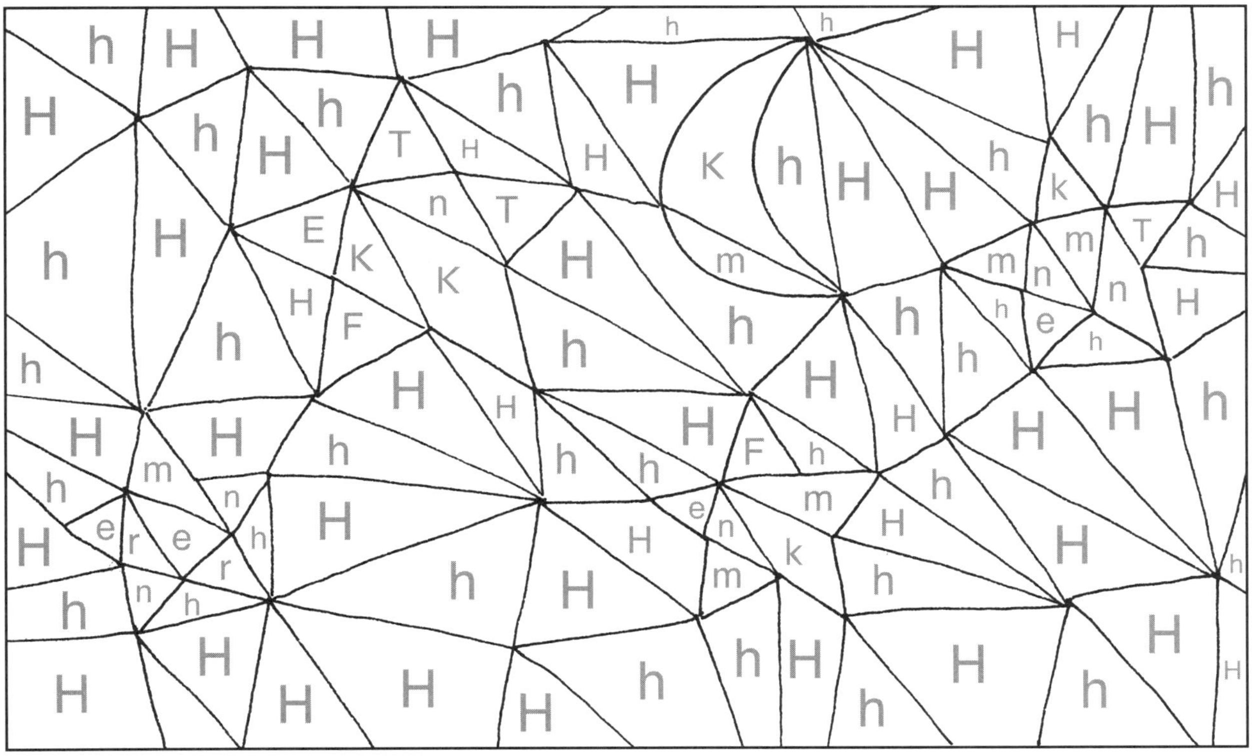

1 H und h in der angegebenen Schreibrichtung schreiben. **2** H, h ausmalen.

H h

1

H h

2

Ameise

Hase

Kamel

Kiste

Esel

Rakete

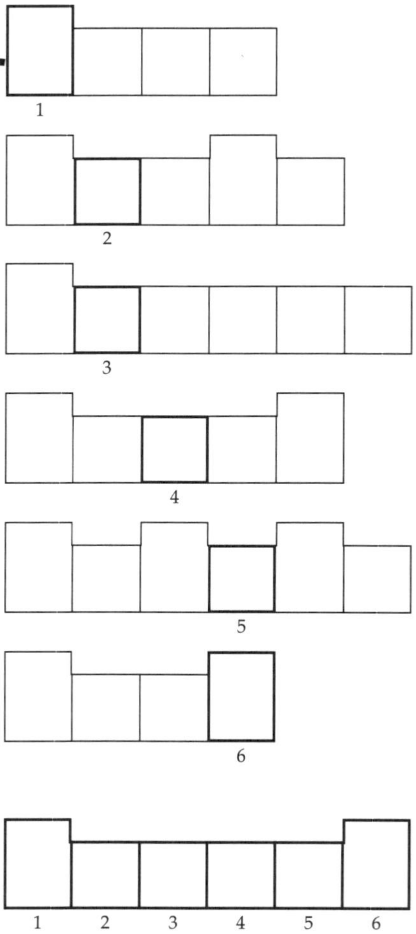

1 H, h abhören und die Stellung im Wort ankreuzen.

2 Zu den Bildern Wörter schreiben, das Lösungswort eintragen.

Hh

1

2 Hinter Hansens Hecke hoppeln hundert Hasen.
Hundert Hasen hoppeln hinter Hansens Hecke.

h

3

4 Hans hat einen Hasen.
Sein Name ist Hasi.
Hasi hat eine rote Hose.
Hasi hat einen lila Hut.

Male Hasi.

h

1 Wörter verbinden. **2** H, h einkreisen, Diff.: Text lesen. **3** Bilder und Wörter zuordnen, das Rätsel mit den Wörtern ausfüllen. **4** H, h einkreisen, Text lesen und dazu malen.

St st

St st

1

St, st

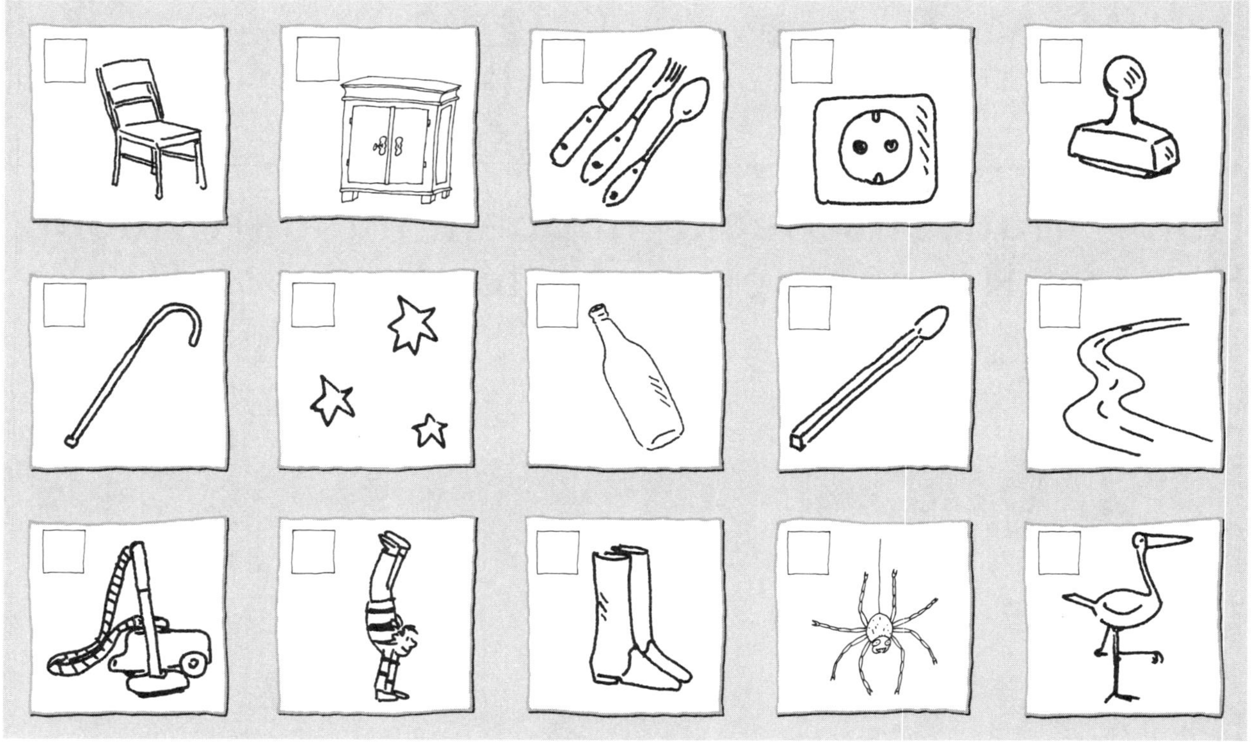

2

	Am Himmel •	• steckt ein Stock.
	Ein Stuhl •	• steht ein Stern.
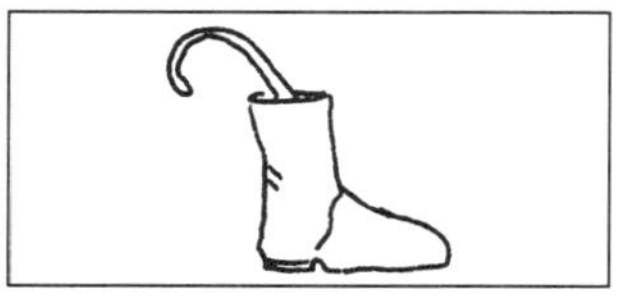	Im Stiefel •	• steht am Stall.
	Eine Leiter •	• steht am Fenster.

1 St, st abhören und ankreuzen. **2** Satzteile passend zum Bild verbinden.

ch

ch

ch

ich

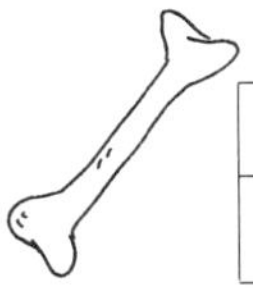

1 Schreiben. **2** Bild und Wort verbinden. **3** Wörter zum Bild schreiben.

ch

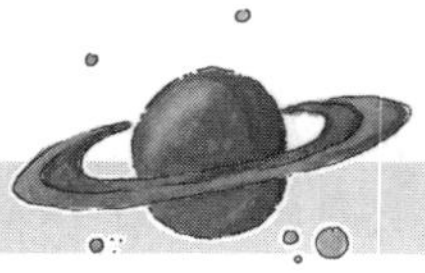

1

ch

2

ch

Hans horcht um acht in der Nacht.
Regen trommelt ans Fenster, es kracht.
Mama macht Licht. Hans lacht.

horcht

3

Um acht
ist es N______.
Am Himmel ist Licht,
ein Stern ist es n______.
Hans horcht am Fenster.
Es kommen acht .

1 ch abhören und die Stellung imWort ankreuzen. **2** ch einkreisen und die Wörter mit ch in die Linien schreiben.
3 Reime ergänzen und zum Text malen.

Au au

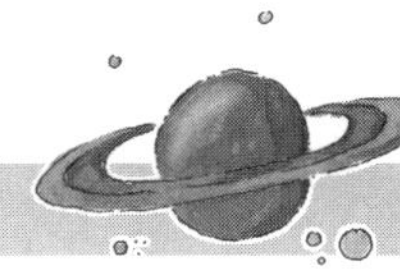

Au au

Au

au

Auto

Haus

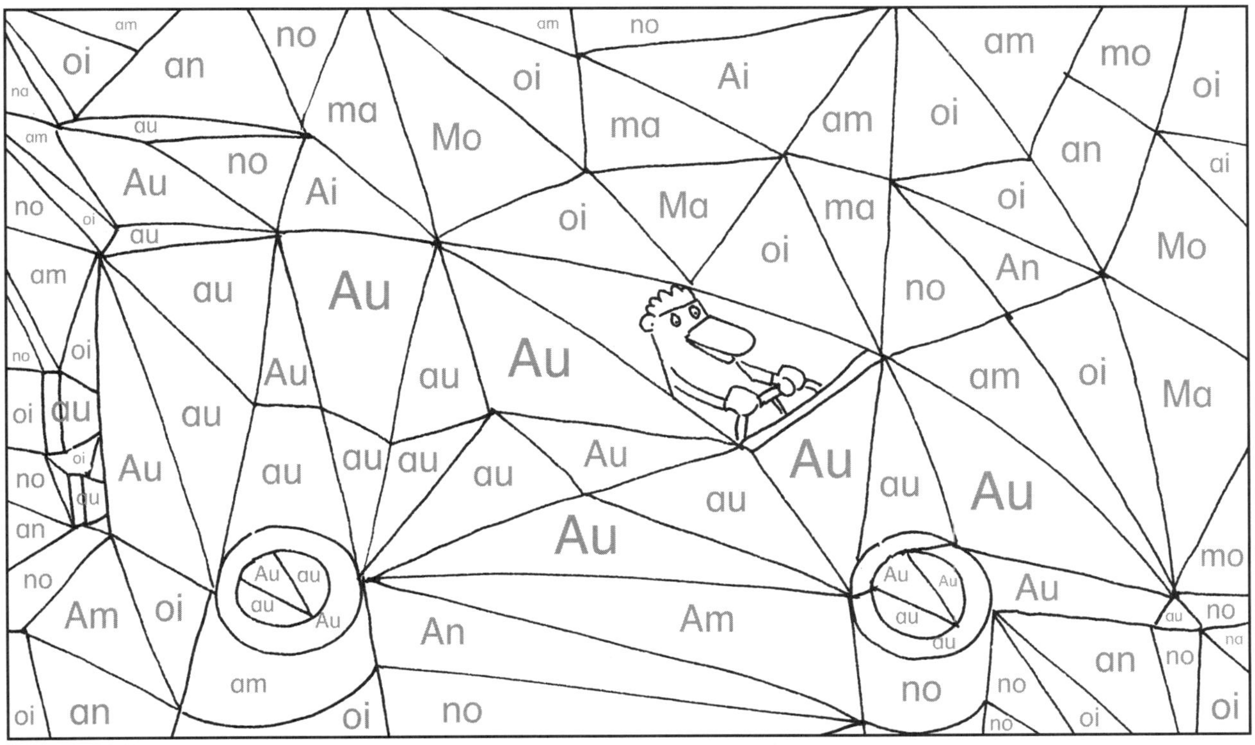

1 Schreiben. 2 Au, au ausmalen.

Au au

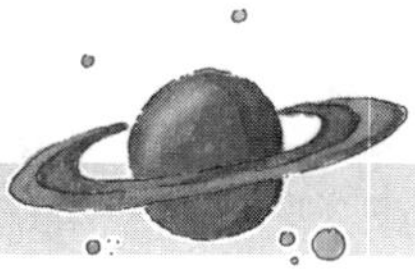

1

Au
au

2 Im Traum saust Aumaumau aus seinem Haus mit einem Raketen-Auto hinaus.

Au
au

3 Himmel Stern Nacht Traum acht kaufen

4 laufen Licht holen Auto aus Mauer

1 Au, au abhören und die Stellung im Wort ankreuzen.
2 Au, au einkreisen, Diff.: Text lesen. **3** **4** Wörter schreiben.

Au au

1

m l k r

a u f e n

l	au	f	e	n

2

M K L H

a u s

3

TURM

STERN

RAKETE

FENSTER

MAUER

ASTRONAUT

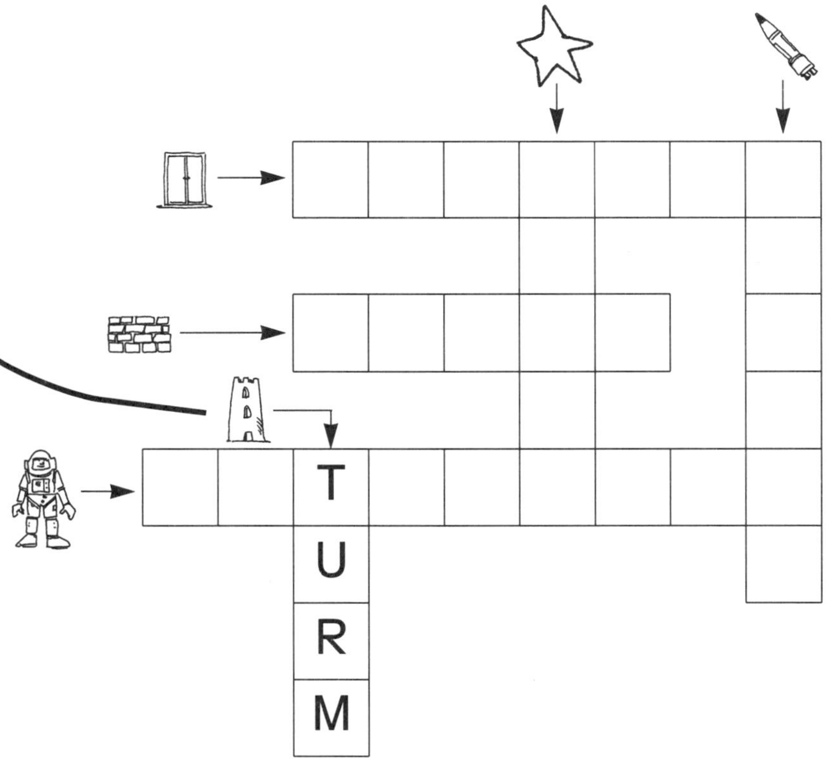

1 **2** Wörter bilden und aufschreiben. **3** Bilder und Wörter zuordnen, das Rätsel mit den Wörtern ausfüllen.

Au au

1

Insel

Astronaut

Rakete

Hose

Teller

Auto

Stern

Maus

Eis

Hase

Taucher

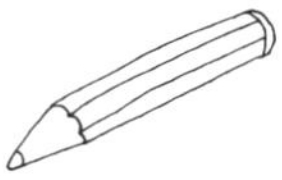

Stift

Haus

Kuchen

Storch

Heft

2

O	A	s	t	r	o	n	a	u	t	P	K
d	H	o	s	e	w	I	n	s	e	l	w
w	s	T	a	u	c	h	e	r	b	V	x
T	S	t	e	r	n	M	o	E	i	s	u
A	u	t	o	Z	T	e	l	l	e	r	f
L	s	R	a	k	e	t	e	k	X	y	P
G	K	u	c	h	e	n	J	H	a	u	s
S	t	o	r	c	h	d	X	b	c	h	x
M	a	u	s	w	b	H	a	s	e	p	r
d	S	t	i	f	t	u	H	e	f	t	s

1 Wörter und Bilder zuordnen.
2 Wörter im Kasten suchen und farbig markieren.

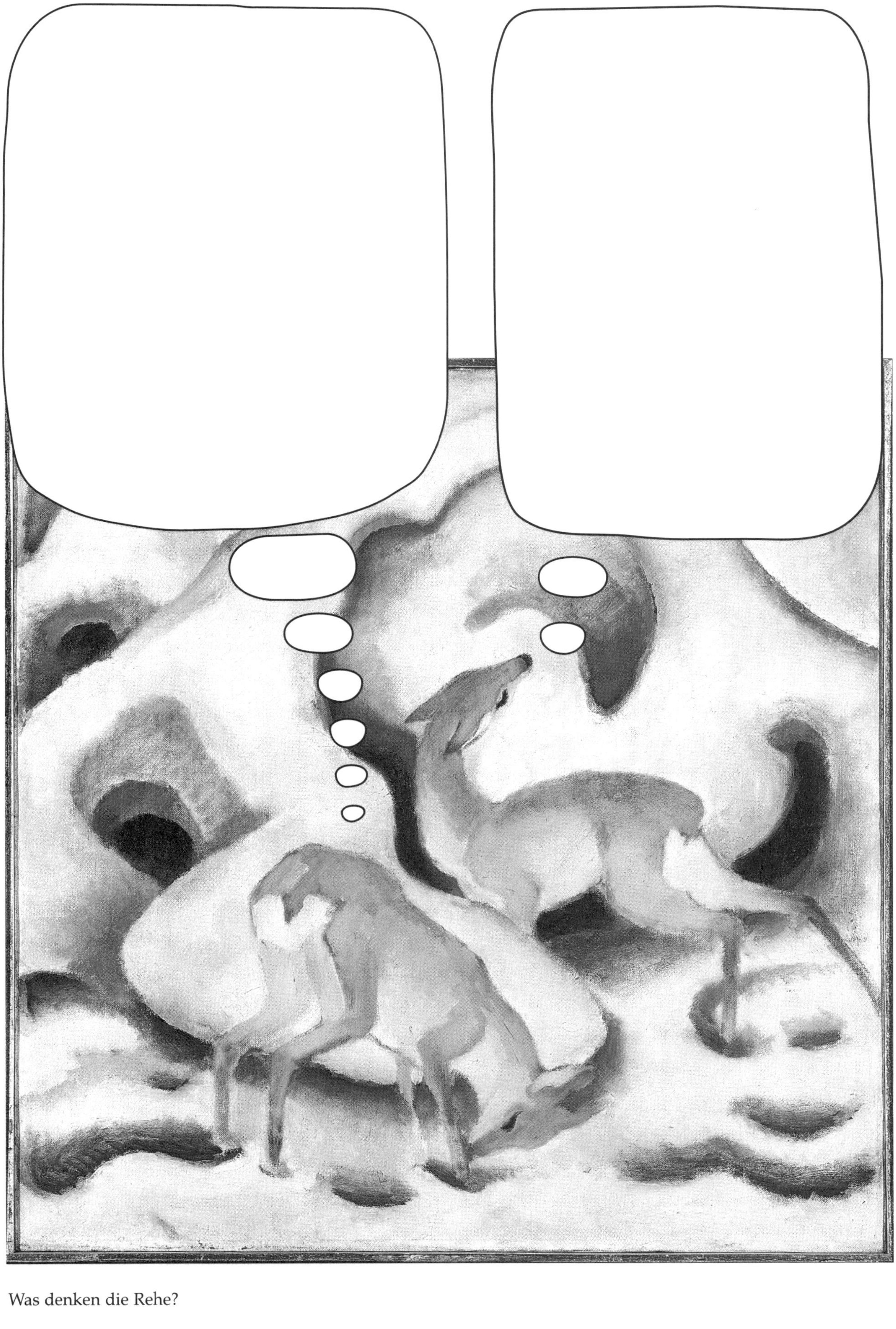

Was denken die Rehe?

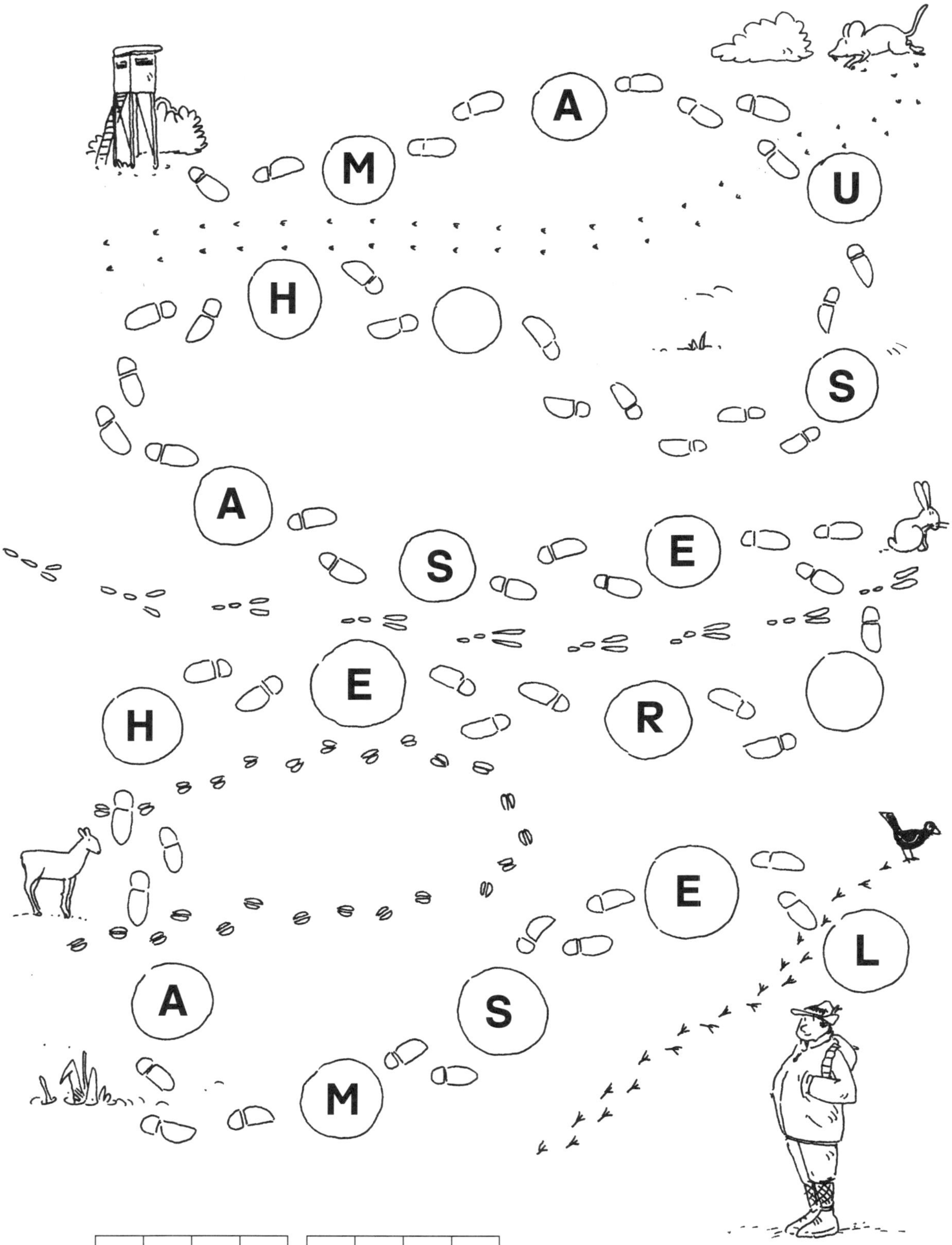

4 Tiere: ____, ____, ____, ____

1 Die Spur verfolgen: Der Förster sieht 4 Tierspuren, Tiernamen aufschreiben.
2 Als Würfelspiel verwenden. Bei einem Buchstabenfeld darf man nicht hinausgeworfen werden.

Sch sch

1

Sch
sch

Sch

sch

Schnee

schnell

2 Im Schnee-Schloss schlafen schlaue Schnee-Hasen.

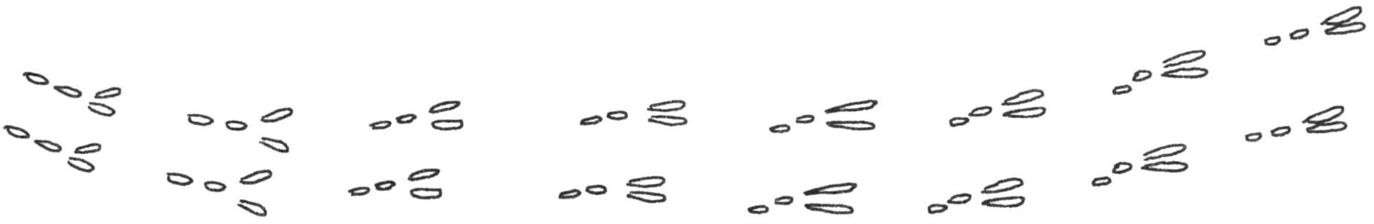

3

1 Sch und sch in der angegebenen Schreibrichtung nachschreiben. **2** Sch/sch einkreisen. **3** Stellung des Sch-Lautes markieren.

Sch sch

1 Schnee, schnell, Tisch, Schal
(Sch) schneien, schauen,
(sch) Flasche, Schuh

2 Reime:

Tee – ______ Kuh – ______

Fisch – ______ Tal – ______

hell – ______ Tasche – ______

schreien – ______ kauen – ______

3

☐ Ein Schnee-Huhn hockt auf einem Strauch.

☐ Ein Schnee-Huhn hockt unter einem Strauch.

☐ Unter einem Strauch hocken 2 Schnee-Hasen.

☐ Unter einem Strauch hocken 3 Schnee-Hasen.

4

Schnee-Hase mit rotem Schal

Schnee-Huhn mit rotem Hut

1 Sch, sch einkreisen. **2** Reimwörter aus Aufgabe **1** einsetzen. **3** Ankreuzen, was stimmt. **4** Malen.

ie

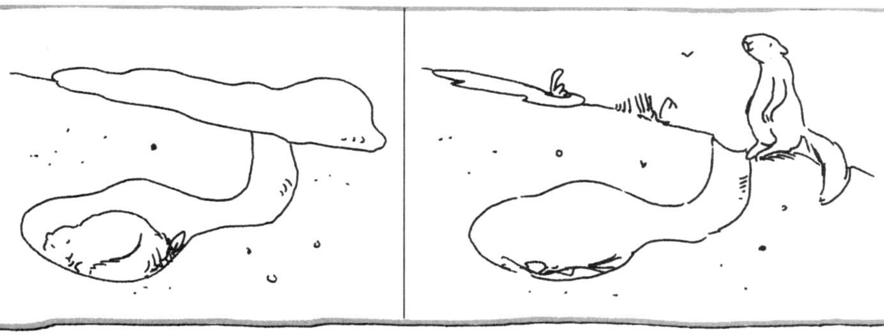

ie

Tiere

R	ie	s	e	ni	ei	ii
ei	N	te	ii	ee	ai	M
Sch	ie	n	e	ie	ie	L
T	ie	r	ie	el	ei	ie
t	ie	f	ie	ie	ie	ie
sch	ie	f	ie	ei	ii	S
St	ie	r	ei	ie	ie	ie

N

T ier

h

n

t ief

sch

1 Schreiben. **2** ie ausmalen. Wörter schreiben.

IN EIS UND SCHNEE

Vom Bild zum Wort, vom Wort zum Bild.  nochmals würfeln,  einmal aussetzen.

G g

G g

G

g

Geist

Iglu

2 Geistern Schnee-Geister mit Atak im Iglu?
Nein, sie geistern mit Gagla im Iglu.

3

Atak auf einem Iglu	Gagla mit Fernglas	Geister fliegen ums Iglu

1 Schreiben. **2** G und g einkreisen. Artikulationsübung. **3** Malen.

G g

1

G g

 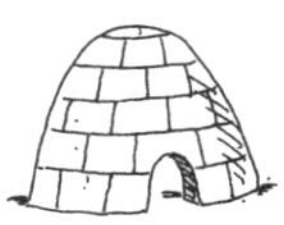   

2

G	U	L
A		I
M	N	S

M	G	F
N		R
A	E	L

I	L	N
M	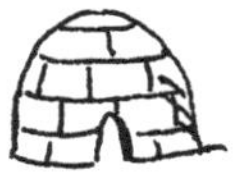	R
G	A	U

3

		Malen:
G	ulo las lus	
G	eige auer eiter	
G	ummo immi iraffe	

1 Lautstellung von G bzw. g ankreuzen. **2** Buchstaben einkreisen und Wörter schreiben. **3** Verbinden, malen und aufschreiben.

G g

Ig

mo

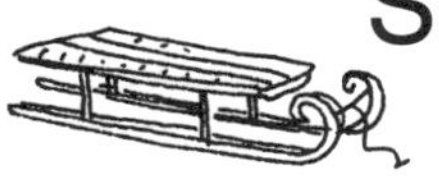

Schlit

lu

Ig

ki

Es

ten

Schlitt

stock

Ren

schuh

Schi

tier

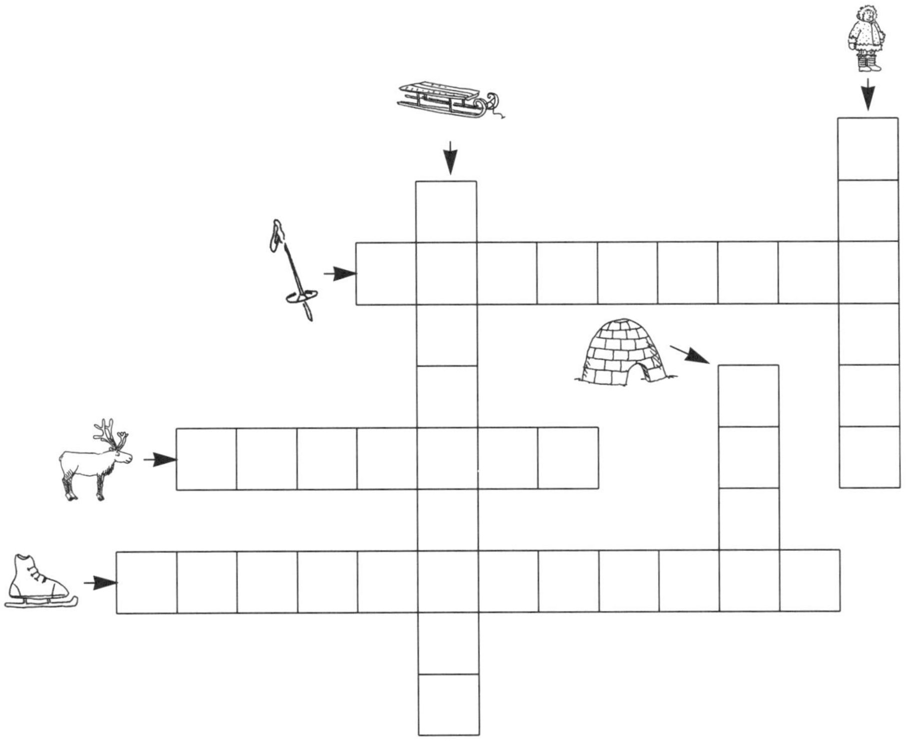

1 2 Silben zu Wörtern verbinden, Wörter schreiben. 3 Rätselwörter von Aufgaben 1 und 2 einsetzen.

Gg

1

X

☐ Gagla steht am Iglu.
☐ Gagla steht im Iglu.

☐ Gagla liegt auf einem Schlitten.
☐ Gagla liegt unter einem Schlitten.

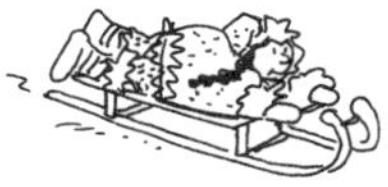

☐ Ein Iglu ist aus Schnee.
☐ Ein Iglu ist aus Gras.

☐ Gagla macht eine Schneefrau.
☐ Gagla macht einen Schneemann.

2

R X (E S K I M O) → __________

M I G L U Y P R → __________

A F O G E I G E → __________

R H A S E M N M → __________

M A F H U H N O → __________

O I S C H N E E → __________

A U G E X A E T → __________

T R X K A L T O → __________

L O A M S E L T → __________

1 Ankreuzen, was stimmt. **2** Wörter suchen und aufschreiben.

Pp

P

p

Puppe

Suppe

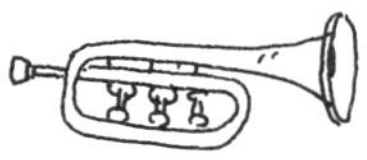
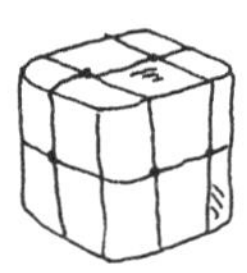

Pinguin Pack packt Pralinen in Packpapier. Pinguin Pick picknickt mit Paprika.

1 Schreiben. **2** Ankreuzen. **3** P, p einkreisen, Zungenbrecher aufsagen.

Pp

1

P	udel	
	apo	
	apa	
	aket	

P	ause	
	aller	
	ulli	
	uppe	

2 Pampelmuse,
Musepampel,
Pinguin Plam
auf einer Ampel.

Pampelmuse,
Musepumpel,
Pinguin Plum
macht ein
Gerumpel.

Pampelmuse,
Musepempel,
Pinguin Plem
hat einen
Stempel.

1 Verbinden und aufschreiben. **2** P, p einkreisen, Bild mit den markierten Wörtern dieser Seite beschriften.

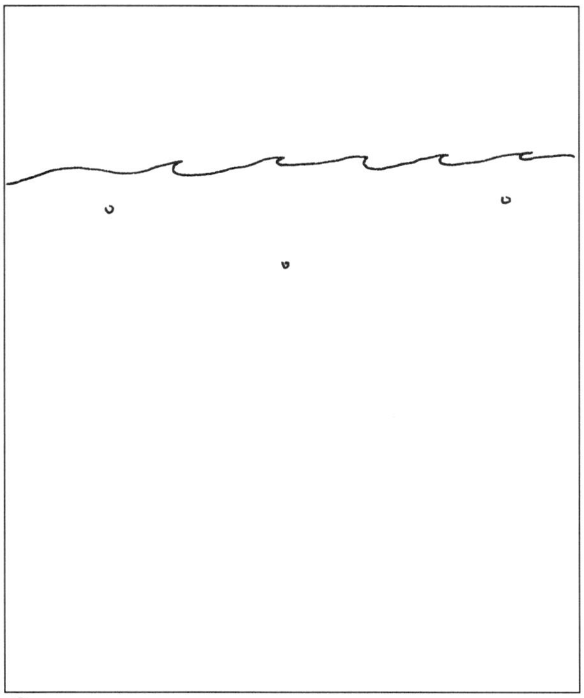

(8)

Pingu spielt mit Pinga im Wasser.

Male Pingu mit Pinga.

Pingu-Malbuch

NAME: ______________________

(1)

Pinguin Pingu ist noch im Ei.

Male Pingus Papis Frack an.

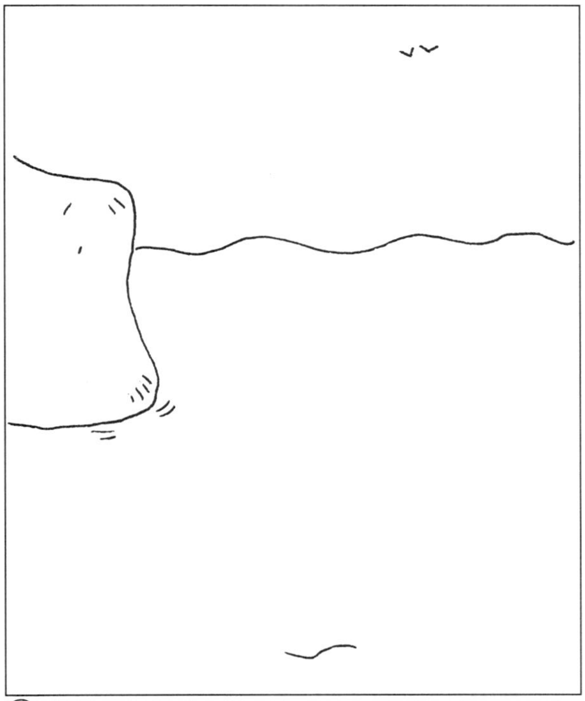

(4)

Pinguin Pingu springt ins Wasser.

Male Pingu.

(5)

Pinguin Pingu taucht. Er sieht Fische.

Male die Fische.

Beide Blätter ausschneiden, falten und malen.

Pp

(2)

Pinguin Pingu kuschelt sich an seine Mutti.

Male Pingus Mutti an.

(7)

Pinguin Pingu trifft Pinguin Pinga.

Male Pinguin Pinga.

(6)

Pinguin Pingu isst einen Fisch.

Male Pingu mit Fisch.

(3)

Pinguin Pingu ist nicht mehr klein.
Er liegt auf einer Eis-Scholle.

Male Pingu.

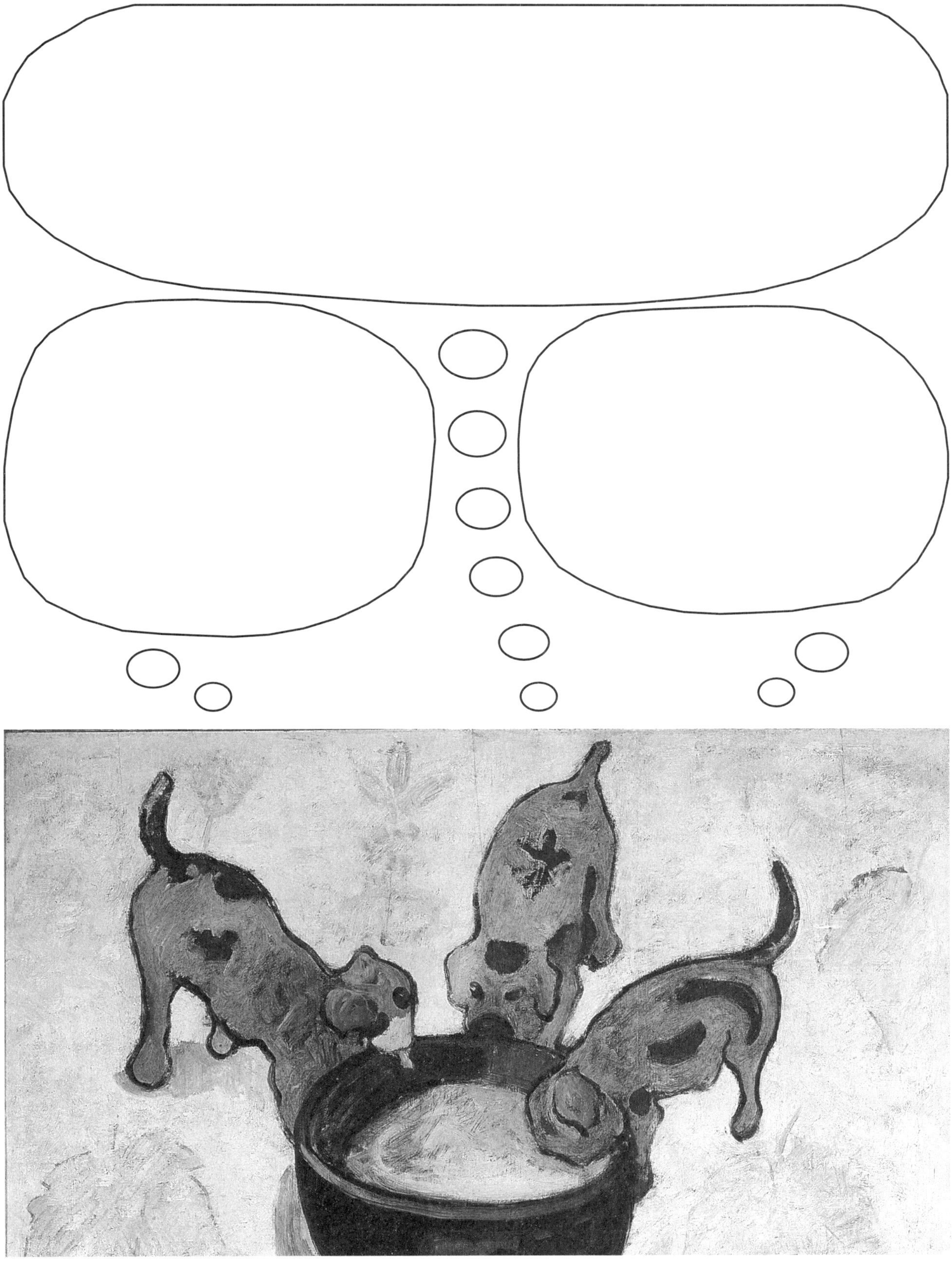

Was denken die Hunde?

Lese-Spiel für 2 Kinder

2 Steige auf einen Stuhl.
Rufe 3-mal Miau!

3 Krieche unter einen Tisch.
Sage leise: Hier ist es kalt!

4 Gehe als Storch
um einen Tisch.

5 Nimm einen Schuh.
Halte ihn hoch.

6 Krieche unter einen Stuhl.
Sage:
So eine tolle Aussicht!

7 Stelle eine Tasche
ans Fenster.

8 Hole ein Lineal.
Lege es ins Regal.

9 Gehe ans Fenster.
Summe leise.

10 Klatsche 2-mal.
Sage: Mmh!
Spinat esse ich so gerne!

11 Lege einen Pinsel
ans Fenster.

12 Schau auf eine Uhr.
Sage: Gute Nacht!

Spiel mit zwei Würfeln: Es darf nur leise gelesen werden. Ein Kind würfelt die Nummer eines Auftrags, das andere Kind liest diesen Auftrag still und führt ihn aus. Danach wird gewechselt.
Variation: Ein Kind tut etwas, das andere sucht die passende Nummer.

Dd

D

d

Dackel

der

Drei drollige Dackel drehen mit
drei dicken Drachen drei Runden
durch den dichten Dschungel.

1 D und d in der angegebenen Schreibrichtung nachschreiben. **2** D und d einkreisen.
3 Stellung des Lautes markieren.

Dd

1

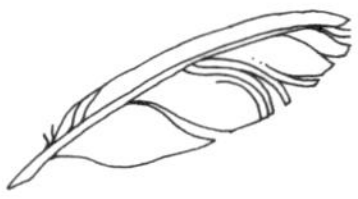 Dach  Radio

Dose  Drachen 

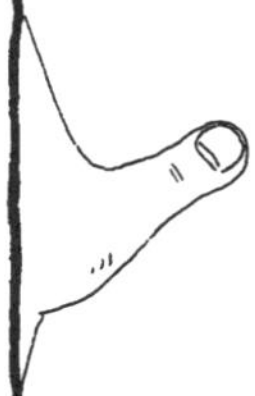 Daumen 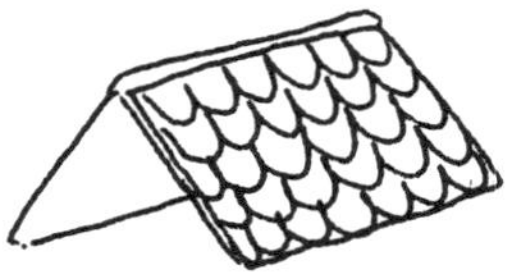 Nadel

Dackel  Feder 

2

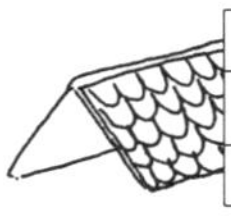 

3

- ☐ Dose mit Dame
- ☐ Dose mit Dackel
- ☐ Dose mit Daumen

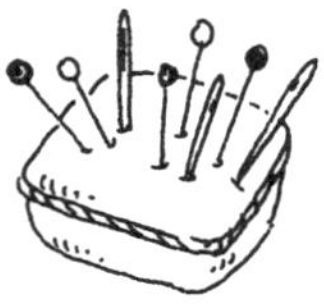

- ☐ Nadeln an der Tanne
- ☐ Nadeln im Kissen
- ☐ Nudeln in der Suppe

1 Wort und Bild zuordnen. **2** Wörter schreiben. **3** Ankreuzen, was stimmt.

Ende gut – alles gut!

Male Dina auf Daniels Arm.

8

Dina und Daniel

Name: ____________________

1

Das Tor steht offen.
Schnell geht sie hinaus.

Male Dina.

4

Dina geht durch die Stadt.

Male Autos, die halten.

5

1. Doppelseiten ausschneiden. 2. Falten und beide Hälften als Buch ineinander legen.
3. Text lesen. 4. Bildgeschichte ergänzen.

Dina ist allein.
Sie denkt an Daniel.

Male Daniel.

2

Im Hof sind die Kinder.
Da ist auch Daniel!

Male die Kinder.

7

Am Schultor sieht sie sich um. Hier riecht es nach Daniel! denkt sie.

Male die Schule.

6

Dina trottet durch den Garten.

Male den Garten.

3

Ww

Ww

W

w

Wolke

was

Wolke Welle Wald

w W w W

Wiese Wasser Schwein

1 Ww in der angegebenen Schreibrichtung nachschreiben.
2 Wörter im Bild eintragen, Bilderrahmen mit Ww-Muster versehen.

Ww

1

2

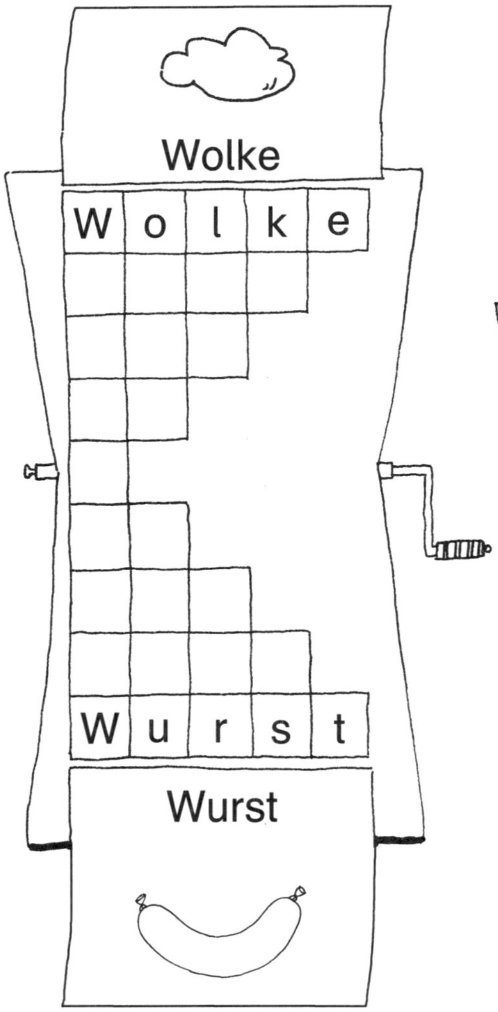

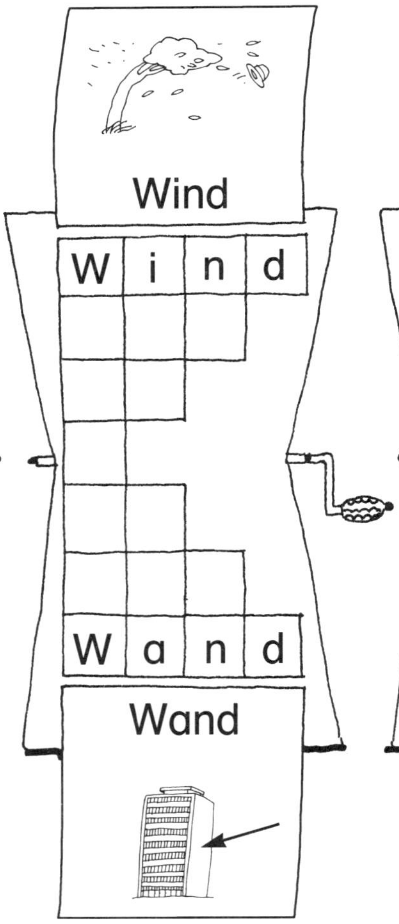

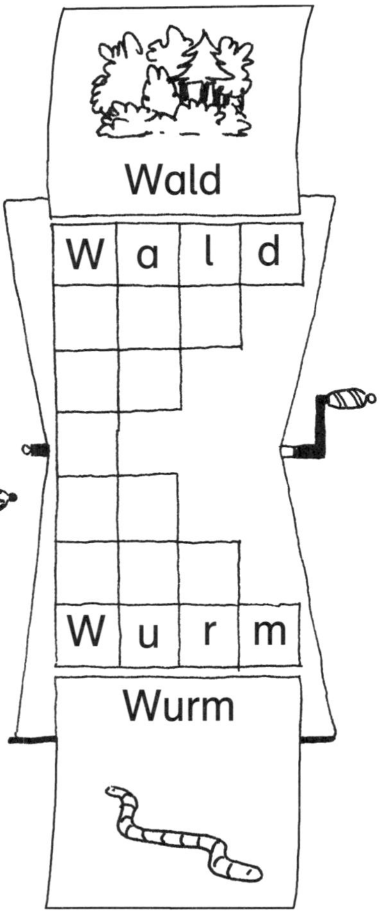

1 Stellung des W-Lautes markieren. **2** Wörter ab- und aufbauen.

Ww

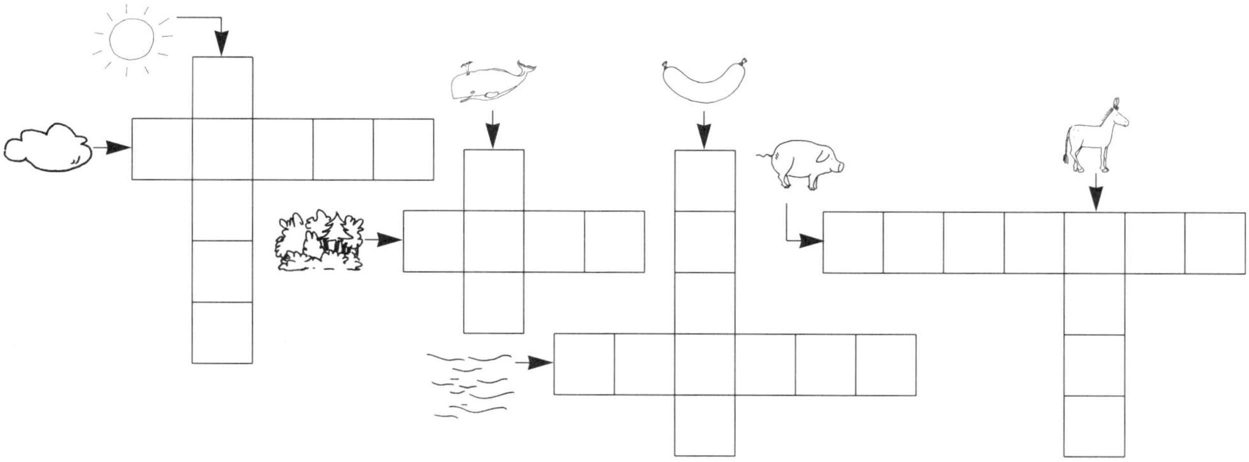

- [ ] Ein Hund schwimmt auf dem Weg.
- [ ] Ein Hund schwimmt im Wagen.
- [ ] Ein Hund schwimmt im Wasser.

- [ ] Ein Schaf und ein Hamster klettern hoch.
- [ ] Ein Schaf und ein Kaninchen klettern hoch.
- [ ] Ein Schaf und ein Kamm klettern hoch.

- [ ] Das Huhn will drei Eier legen.
- [ ] Das Huhn will ein Ei legen.
- [ ] Das Huhn will ein Eis legen.

1 Wörter abtrennen. **2** Rätsel lösen, Wörter in der Schlange abhaken. **3** Ankreuzen, was stimmt.

ß

1

ß

ß

groß

2 Was ist das?

Es ist gro☐,
es ist grau:

Es ist wei☐,
es ist aus Stoff:

Es ist hell,
es ist hei☐:

Es schwimmt, man
kann damit fahren:

3 Reime mit Floß, Fuß, gießen, heiß:

groß –

Gruß –

weiß –

fließen –

1 ß in der angegebenen Schreibrichtung nachschreiben. **2** ß eintragen, Rätsel lösen, Wörter abhaken.
3 Reimwörter eintragen, verwendete Wörter abhaken.

Eu eu

Eu eu

Eule

neu

H(eu)len heute hier neun Eulen?
Nein, neun scheue Eulen heulen
heute in der neuen Scheune.

Eu Au

eu o

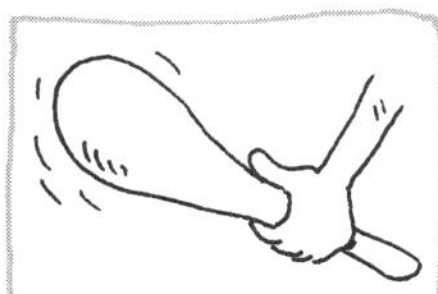
a eu

eu u

a eu

a eu

eu o

eu i

eu o

eu a

1 Eu/eu in der angegebenen Schreibrichtung nachschreiben. **2** Eu/eu einkreisen, Sätze als Artikulationsübung benutzen. **3** Wörter abhören, richtigen Laut einkreisen.

Eu eu

2

Eu
eu

Eule Leute neun Scheune

Feuer Heu Keule Euter

2

3 Kennst du Eulen? Male das richtige Feld an:

Eulen haben große Augen. (2)
Eulen haben kleine Augen. (3)

Eulen fressen Heu. (1)
Eulen fressen kleine Tiere. (4)

Eulen wohnen im Wald. (6)
Eulen wohnen am Wasser. (8)

Eulen schlafen in der Nacht. (5)
Eulen schlafen am Tag. (7)

1 Wort und Bild zuordnen, Eu/eu einkreisen. **2** Wörter schreiben, verwendete Wörter in **1** abhaken. **3** Richtige Antwort auswählen, Feld anmalen.

MÄRCHEN

Welche Tiere sind das?

		5	

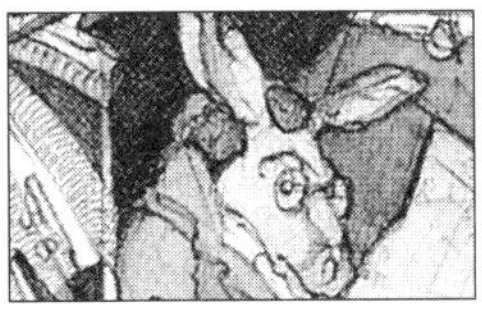

			7

			4

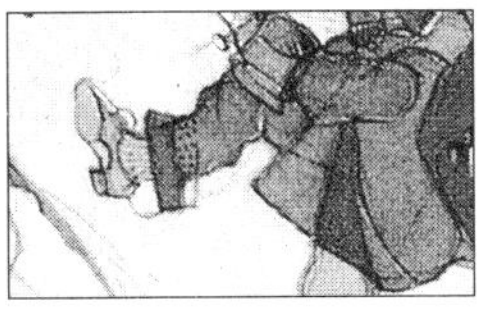

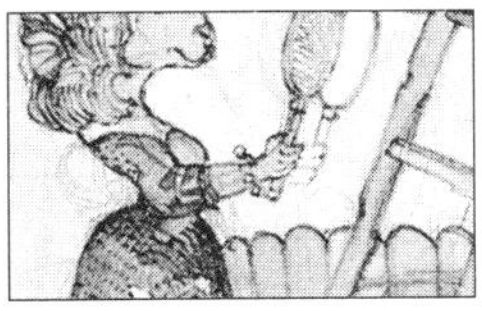

		3		

	2			

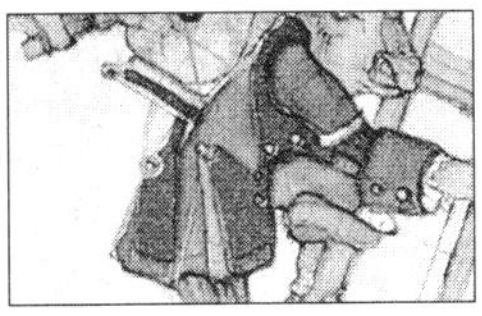

	1		6				

GANS

OCHSE

LWE

SCHAF

ESEL

WOLF

KLCHEN

Lösungswort:

M		R						I		D
	1		2	3	4	5	6		7	

Was passt zusammen?

①

②

③

④

⑤

⑥

Wer geht wohin? Zielorte suchen – Buchstaben auf den Wegen sammeln und aufschreiben.

Ää Öö Üü Äu äu

ä

ö

ü

1 **2** **3** Bilder markieren, die den Laut enthalten.

Ää Öö Üü Äu äu

1 Äu äu

2 Hokus pokus M___ckenbein,
wo P___nktchen sind, ist vieles klein.

___ffchen	L___mpchen	H___slein
Sch___sselchen	___hrchen	T___pfchen
Fr___schlein	H___ndchen	___hrchen
H___slein	M___slein	Str___ßlein

3 Eins – mehrere

1 Topf	2 M___se
1 Maus	2 ___fen
1 Ofen	2 T___pfe
1 Haus	2 F___ße
1 Fuß	2 H___ser

1 Apfel	2 G___nse
1 Nuss	2 Str___ße
1 Gans	2 ___pfel
1 Kopf	2 N___sse
1 Strauß	2 K___pfe

1 Bilder markieren, die den Laut enthalten. **2** Passenden Um- oder Zwielaut einsetzen.
3 Paare verbinden und passenden Um- oder Zwielaut einsetzen.

Bb

Bb

B

b

Bäume

blühen

R	ü	b	e	t	b	l	a	u
l	B	ä	r	u	h	a	l	b
K	a	l	b	b	u	n	t	s
B	l	u	m	e	B	r	o	t
S	B	a	l	l	B	u	r	g
R	a	b	e	B	i	l	d	o

Rübe

1 Buchstaben und Wörter schreiben. **2** Wörter einkreisen und aufschreiben.

B b

1

B
b

2

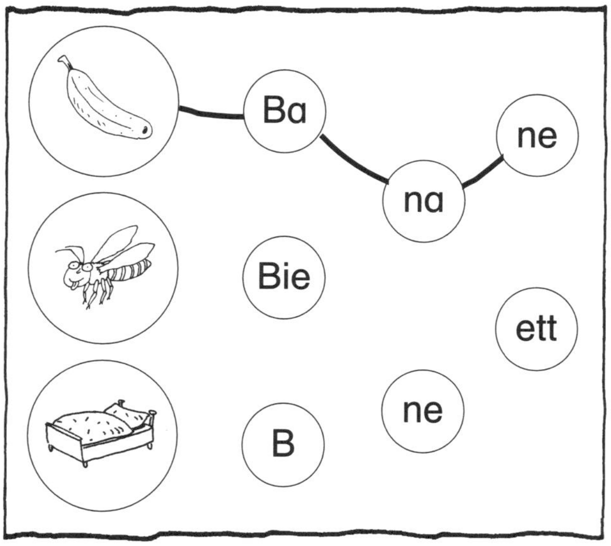

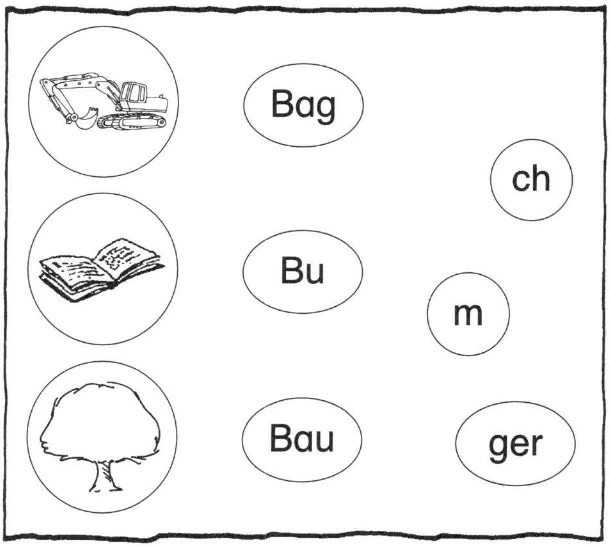

3

Bienen	blubbern.
Wasser-Blasen	bellen.
Hunde	summen.

Hummeln	gurren.
Brennnesseln	brummen.
Tauben	brennen

1 Stellung des Lautes markieren. **2** Bild und Wortteile verbinden. **3** Satzteile ordnen.

Ch

Ch

Ch

Chor

___ristof, ___ristian und ___ristine reisen nach ___ina und singen im ___or: ___ristof, ___ristian und ___ristine reisen nach ___ina und singen im ___or: ___ristof, ___ristian und ___ristine …

- ☐ Christof steckt hinter dem Sofa.
- ☐ Christof liegt auf dem Sofa.
- ☐ Christof hockt neben dem Sofa.

- ☐ Christine singt im Chor.
- ☐ Christine holt ein Heft.
- ☐ Christine singt ein Lied.

- ☐ Christian ist ein Indianer.
- ☐ Christian sieht aus wie ein Chinese.
- ☐ Christian sieht aus wie ein Schneemann.

1 Buchstaben und Wörter schreiben. **2** Ch einsetzen, als Leseübung verwenden. **3** Passenden Satz ankreuzen.

Ch

Das Mädchen hat ein buntes Käppchen.	A
Das Mädchen hat ein rotes Käppchen.	M
Das Mädchen hat ein kariertes Käppchen.	S

Das Männlein hüpft ums Feuer.	Ä
Das Männlein rennt im Wald.	T
Das Männlein ist im Haus.	E

Der gestiefelte Kater redet mit den Bauern.	O
Der gestiefelte Kater wohnt im Schloss.	S
Der gestiefelte Kater redet mit dem König.	R

Die Kinder rufen vor dem Haus.	ST
Die Kinder kommen nach Haus.	CK
Die Kinder essen vom Lebkuchen.	CH

Schneewittchen trinkt aus dem Becher.	A
Schneewittchen isst einen Apfel.	E
Schneewittchen mag den Kuchen.	I

Das Geißlein steckt hinterm Bett.	M
Das Geißlein liegt unterm Tisch.	R
Das Geißlein steckt in der Uhr.	N

Lösung:

ERFINDUNGEN

Wo stecken die Kinder? Suche im Buch auf Seite 80.

① 

auf der Dach-Terrasse | M

auf dem hinteren Balkon | K

② 

in der Küche | E

im Eltern-Schlafraum | I

③ 

am Fenster des Anbau | N

im Führer-Haus | K

④ 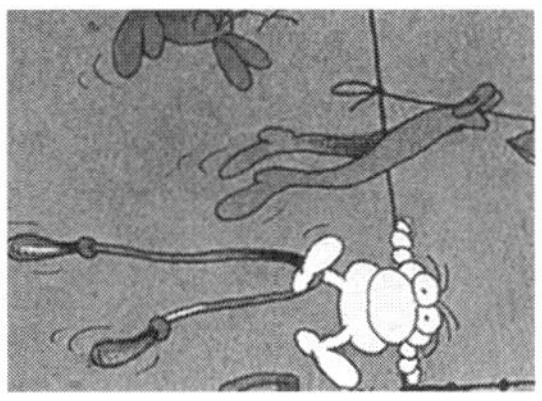

klettert am Geländer | A

hängt an der Antenne | D

⑤ 

schaut vom Kamin herab | L

krabbelt auf dem Dach | E

⑥ 

steht auf dem Dach-Geländer | R

steht auf dem Balkon | S

Lösung:

①	②	③	④	⑤	⑥

ERFINDUNGEN

Lösung: ______________________________

Die Bilder suchen und die dazu passenden Wörter in die Kästchen schreiben, die Anfangsbuchstaben ergeben ein Lösungswort.

Qu qu

Qu qu

Qu

qu

Quark

quaken

DerquirligeQuieselquasseltQuatsch.
DiequergestreiftenQuallenquiekennicht.
KaulquappeQuaxquaktbaldinderQuelle.

1 Buchstaben und Wörter schreiben. **2** Einkreisen, Wörter abtrennen, Artikulationsübung. **3** Bilder markieren, die den Laut enthalten.

Qu qu

1

qu — ieken / etschen / aken

qu — atschen / ietschen / engeln

qu — asseln / etschen / ieken

qu — irlen / etschen / almen

2 Quiesel quasselt Quatsch:

Ein Hase	quakt.
Ein Grasfrosch	nagt.
Ein Ochse	mag Quark.
Ein Kind	ist stark.
Ein Fisch	quiekt herum.
Ein Schwein	ist im Aquarium.

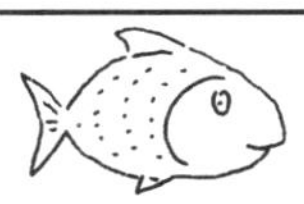

1 Wortteile passend verbinden. **2** Satzteile verbinden. **3** Sätze von **2** richtig ausschreiben.

Vv

Vv

Vv

Vogel

vier

Vo	ter
Va	kan
Vul	gel
Vam	pir
Veil	se
Va	chen
Kla	vier

1 Buchstaben und Wörter schreiben. **2** Wortteile verbinden, Wörter schreiben.

Vv

Vogel vier Klavier Vase Veilchen Vater

1 Das ____ blüht in der ____.

Der ____ stellt es aufs ____.

Davor hockt verträumt unser ____. Dahinter lauert ein Tier.

Es hat eine gute Nase, und Pfoten mit Krallen hat es 4 ____.

2

3

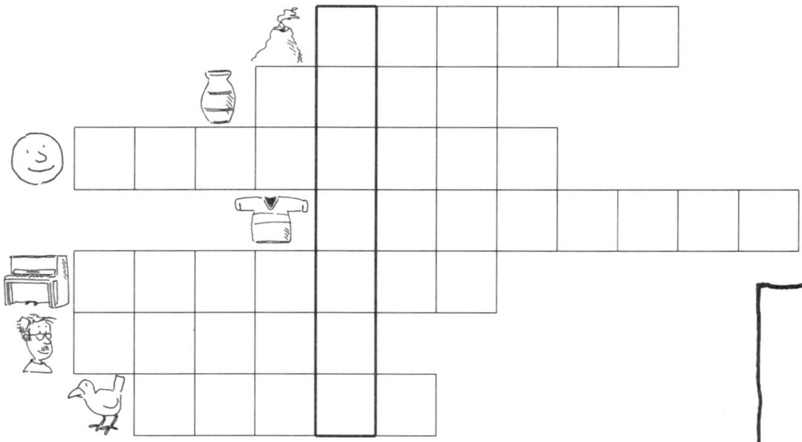

Vollmond Vater Pullover Vogel Klavier Vase Vulkan

Lösung:

1 Wörter einsetzen. **2** Wörter mit V, v schreiben. **3** Kreuzworträtsel lösen, Lösung aufschreiben und malen.

Zz

Zz

Zz

Zelt

zwei

Zwischen zwei Zwetschgenzweigen zwitschern zweiundzwanzig Zeisige.

1 Buchstaben und Wörter schreiben. **2** Buchstaben einkreisen, Satz ausschreiben, als Zungenbrecher verwenden. **3** Stellung des Lautes markieren.

Zz

1

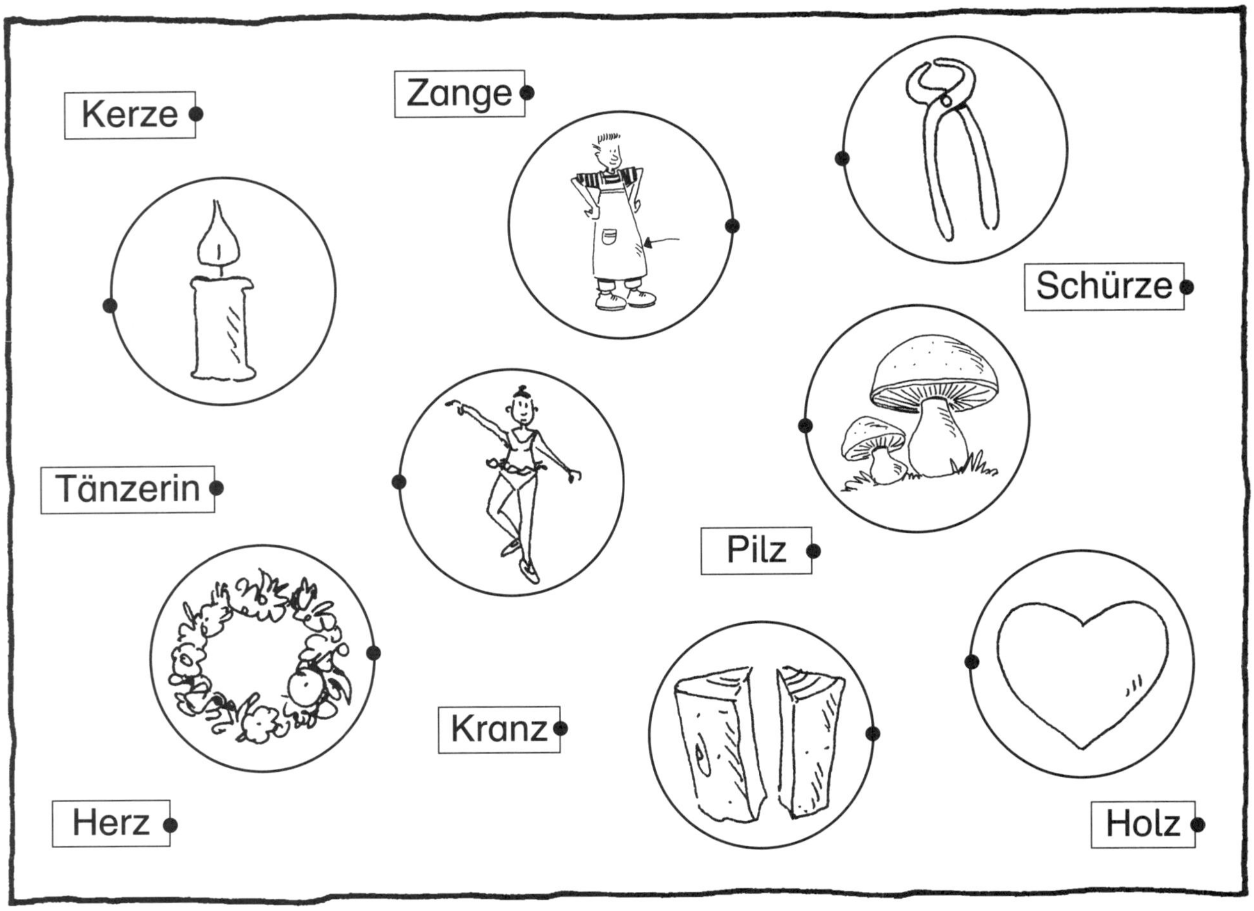

2

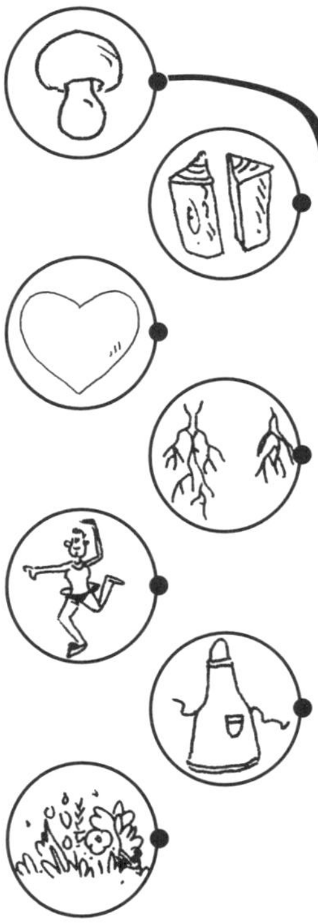

Herz	Schmerz
Wurzeln	
Pilz	
Holz	
Schürze	
Pflanzen	
Tanz	

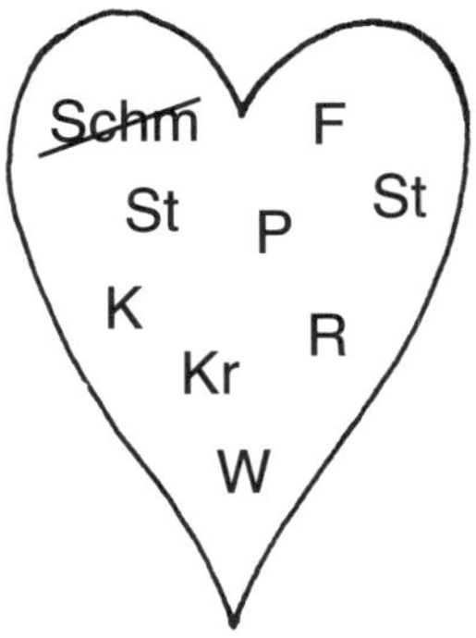

1 Wörter und Bilder verbinden. **2** Bilder und Wörter zuordnen, Reimwörter schreiben und abstreichen.

ng

ng

ng

Zunge

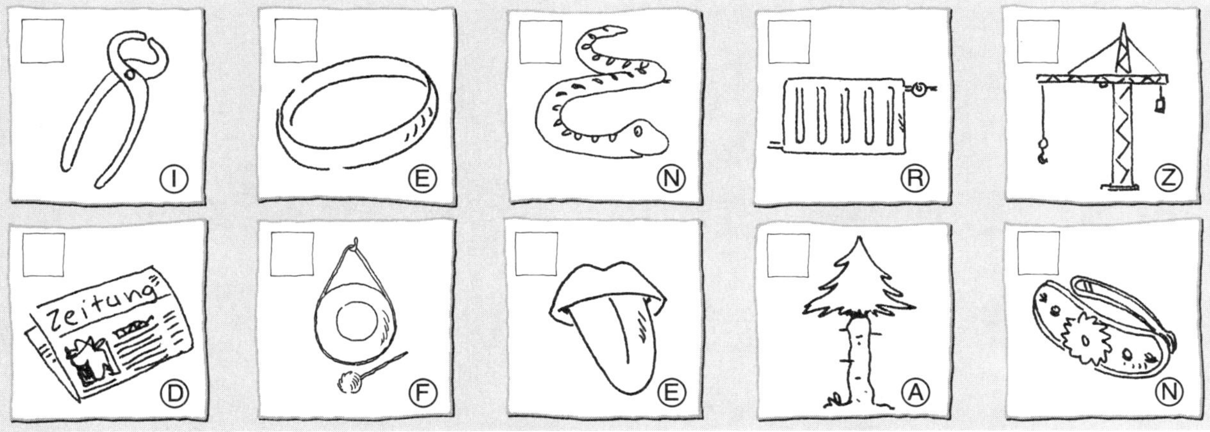

- ☐ Man trägt es am Finger.
- ☐ Es wärmt das Zimmer.
- ☐ Es macht Lärm.
- ☐ Man zieht damit Nägel heraus.
- ☐ Ihr Biss kann giftig sein.
- ☐ Darin steht das Neueste.
- ☐ Es ist in meinem Mund.
- ☐ Es hält die Haare zusammen.

Lösung:

1 Buchstaben und Wort schreiben. **2** Bilder mit ng ankreuzen. **3** Sätze Bildern zuordnen, Lösung aufschreiben.

ng

Wer ist Erfinder Zangenbruch?

Zangenbruch hat einen schwarzen Fleck auf einem Ärmel.
Seine Strümpfe haben schwarze Spitzen.
Auf seiner Hose sind zwei Flicken.
Ein Flicken hat Streifen.
Zangenbruch hat einen Zwilling.

Zangenbruch und seinen Zwilling anmalen.

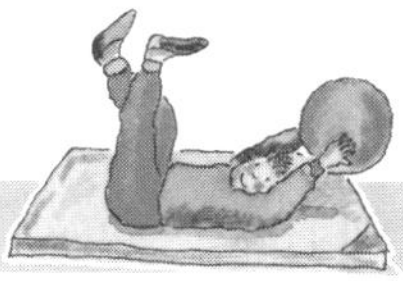

Auseinanderschneiden und richtig zusammenlegen.

Rückseite der Ausschneideseite.

Jj

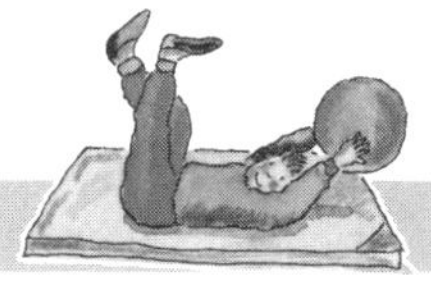

Jj

Jj

Judo

jetzt

Boje Junge Kajak Majonäse Judo Jäger

Japan Jaguar Jahr Jo-Jo Jacke Joghurt

1 Schreiben. **2** J und j einkreisen. Bild mit passendem Wort verbinden. **3** Wörter von Aufgabe 2 aufschreiben.

Jj

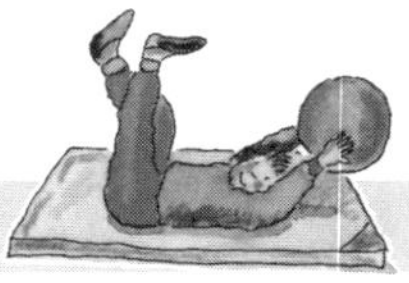

1

J
j

2

3

Unsere Spieler __________ hinter dem Ball her.

Unsere Stürmerin __________ den Ball ins Tor.

Sie __________ vor Freude.

Der Torwart __________, weil er den Ball nicht halten konnte.

joggen
rufen
jammert
schießt
jagen
jubeln

4

L	J	A	G	U	A	R	X	T	A	J	U	B	E	L	N	P
K	V	J	O	C	H	E	N	F	R	I	J	A	P	A	N	Z
R	J	O	J	O	X	J	U	D	O	L	J	A	N	U	A	R
V	B	E	N	J	A	M	I	N	X	J	A	C	K	E	B	M

1 J und j einkreisen. Wörter bzw. Satz lesen und abschreiben. **2** Bilder mit J, j ankreuzen.
3 Passende Wörter einsetzen. **4** Wörter mit J einkreisen.

Cc

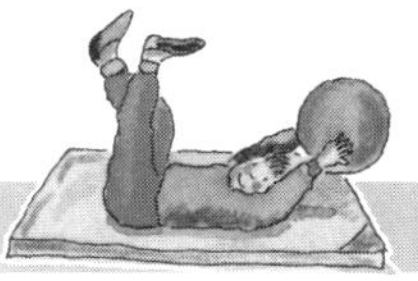

Cc

Cc

Comic

☐ Carlo läuft mit dem Tablett.

☐ Carlo läuft mit der Taucherbrille.

☐ Carlo und Vera trinken mit Halmen.

☐ Carlo und Vera trinken aus Flaschen.

☐ Die Kinder stehen neben den Reifen.

☐ Die Kinder stehen in den Reifen.

☐ Lasse hängt die Wäsche auf.

☐ Lasse hängt die Wäsche nicht auf.

Sp sp

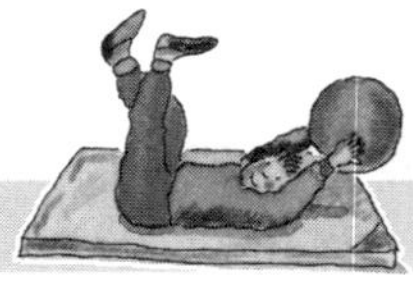

Sp sp

1

Spa • • get • • gel

Spa • • ti

• ten

Spie •

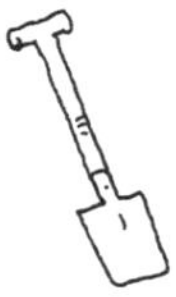

2

Spin • • ze •

Sprit • • ne •

Spa • • gat

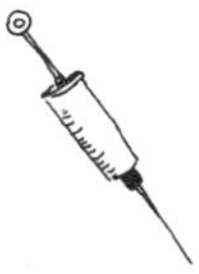

3

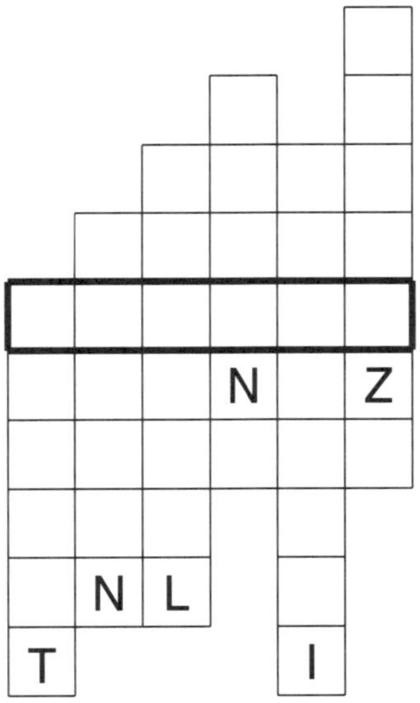

IST

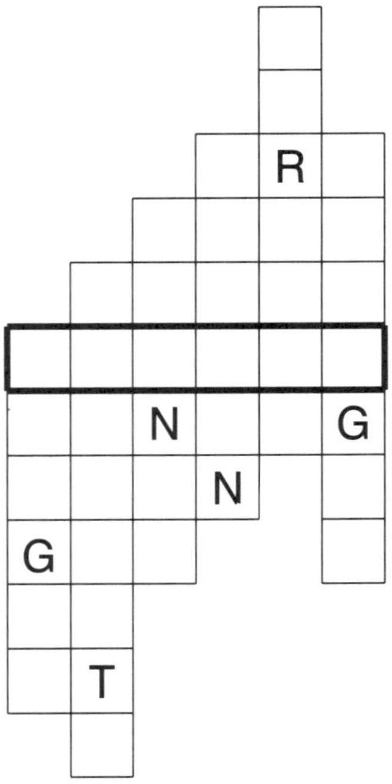

!

1 **2** Silben verbinden, Wörter eintragen. **3** Kreuzworträtsel: Trage die Wörter von **1** und **2** ein.

Das Bild ergänzen.
Zwei Gespenster und einen Mond hinzufügen.

GESPENSTER

Würfel-Spiel für 2–4 Kinder
Zugrichtung ist frei wählbar; es darf abgebogen werden.
Jeweils entscheiden, ob einer der Buchstaben im abgebildeten Wort vorkommt.
Diesen Buchstaben abdecken.
Es gewinnt, wer die meisten Buchstaben abgedeckt hat.

Xx

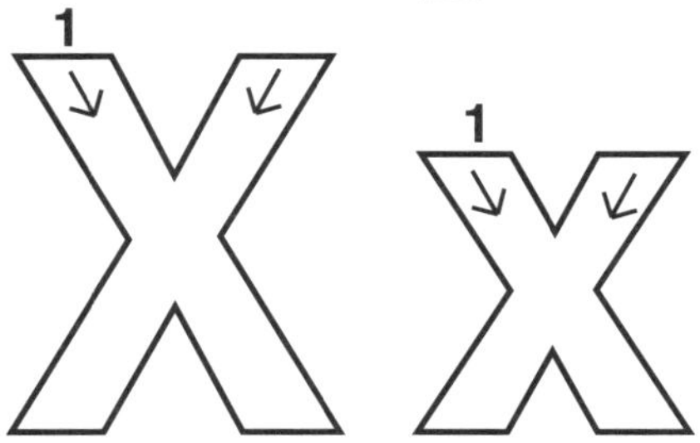

Xx

Fax

H

T

M

axi

exe

ax

B

A

M

xt

oxer

ixer

Sechs Hexen verhexten Max und Moritz im Taxi.

1 X und x in der angegebenen Schreibrichtung nachschreiben. **2** Anfangsbuchstaben mit dem passenden Buchstaben verbinden und das Wort schreiben. **3** X und x einkreisen.

Pf pf

1

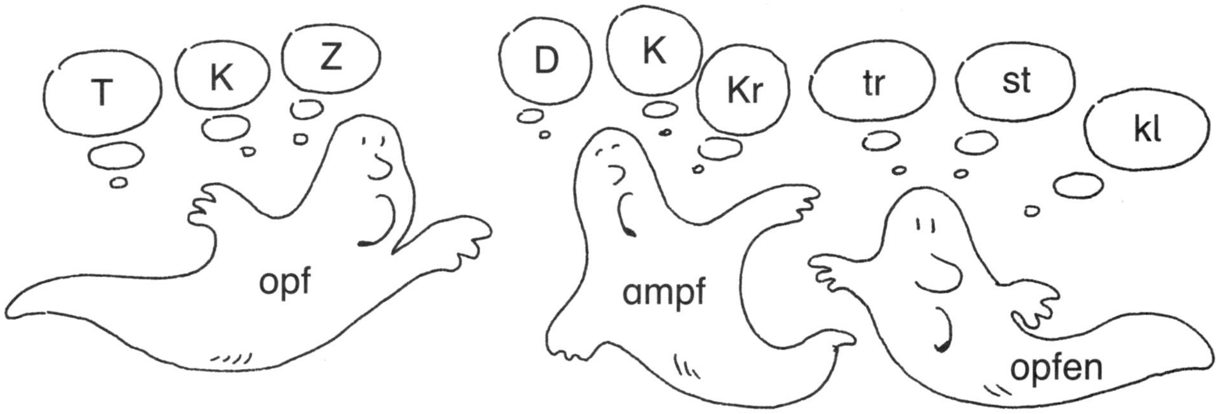

2

☐☐ anne

Pf

☐☐ eil

☐☐ eife

☐☐ au

☐☐ ütze

☐☐ erd

3

Seil –

Seife –

Kanne –

Frau –

Herd –

Mütze –

1 Wörter zusammensetzen und aufschreiben.
2 Pf einsetzen und passendes Bild mit Pfeil verbinden; vier Bilder streichen. **3** Reime aufschreiben.

Y y

Y

y

Yak

Baby

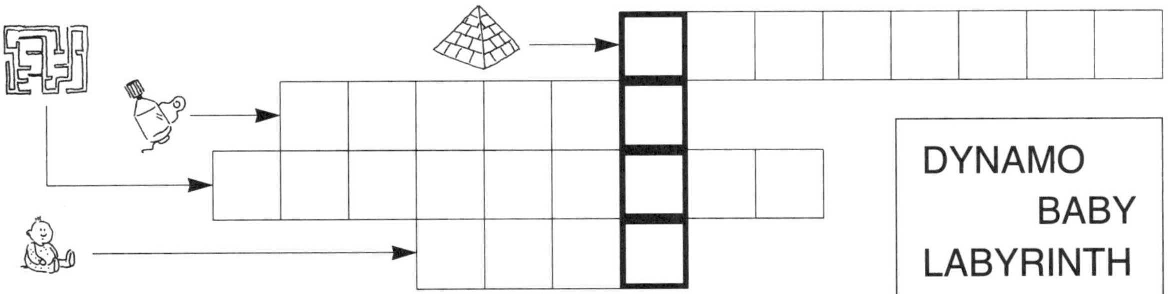

DYNAMO
BABY
LABYRINTH
PYRAMIDE

Lösung: ☐☐☐☐

YESTED ☐ YLABYRINTHTYPISCHBAB ☐ PO ☐ YY ☐ K
PYRA ☐ IDENT ☐ NYBETTY

Lösung: ☐☐☐☐☐☐

1 Y und y in der angegebenen Schreibrichtung nachschreiben. **2** Wörter aus dem Kasten richtig einsetzen, Lösung aufschreiben. **3** Wortgrenzen markieren und Lücken füllen, Lösungswort eintragen.

Xx Yy

1

①

②

③

④

- ◯ Eines kriecht in ein Loch.
- ◯ Eines reitet auf einem Stier.
- ◯ Eines liest im Lexikon.
- ◯ Eines fährt im Taxi.
- ◯ Eines trifft eine Nixe.

⑤

2 ◯

P	F	I	F	F	D	D	U	K
Y	Y	O	G	A	M	O	D	Y
X	O	L	H	E	X	E	M	Y
L	A	B	Y	R	I	N	T	H
Y	J	I	R	O	S	E	R	O
Y	D	Y	N	A	M	O	R	Y
Y	I	S	C	H	L	O	S	S
Y	Y	A	K	X	B	A	B	Y
Y	U	Z	I	M	M	E	R	O
F	I	S	C	H	P	O	N	Y
Y	S	G	E	I	S	T	E	R
X	P	Y	R	A	M	I	D	E
G	E	S	P	E	N	S	T	U

1 Die Nummer des passenden Bilds eintragen.
2 Die Wörter mit Y oder y rot einrahmen und aufschreiben. Alle anderen Wörter gelb einrahmen.